Os dois lados do espelho

Robson Pinheiro

PARTE I

6ª reimpressão | outubro de 2015 | 1.500 exemplares
5ª reimpressão | julho de 2012 | 3.000 exemplares
2ª edição revista | junho de 2012 | 5.000 exemplares
1ª edição | maio de 2004 | 3 reimpressões | 11.000 exemplares

Copyright © 2004/2012 Casa dos Espíritos

Nova edição inteiramente revista de
Uma alma do outro mundo me fez gostar do meu mundo.

CASA DOS ESPÍRITOS EDITORA
Rua Floriano Peixoto, 438
Contagem | MG | 32140-580 | Brasil
Tel./Fax: +55 (31) 3304-8300
editora@casadosespiritos.com
www.casadosespiritos.com

Edição, preparação e notas
Leonardo Möller

Projeto gráfico e editoração
Andrei Polessi | Audaz

Revisão
Laura Martins

Foto do autor
Douglas Moreira

Impressão e acabamento
EGB

A Casa dos Espíritos acredita na importância da edição ecologicamente consciente. Por isso mesmo, só utiliza papéis certificados pela Forest Stewardship Council® para impressão de suas obras. Essa certificação é a garantia de origem de uma matéria-prima florestal proveniente de manejo social, ambiental e economicamente adequado, resultando num papel produzido a partir de fontes responsáveis.

Os dois lados do espelho

Robson Pinheiro

pelo espírito de sua mãe,
Everilda Batista

Os direitos autorais desta obra foram cedidos gratuitamente pelo médium Robson Pinheiro à Casa dos Espíritos Editora, que é parceira da Sociedade Espírita Everilda Batista, instituição de ação social e promoção humana, sem fins lucrativos.

Compre em vez de copiar. Cada real que você dá por um livro espírita viabiliza as obras sociais e a divulgação da doutrina, às quais são destinados os direitos autorais; possibilita mais qualidade na publicação de outras obras sobre o assunto; e paga aos livreiros por estocar e levar até você livros para seu crescimento cultural e espiritual. Além disso, contribui para a geração de empregos, impostos e, consequentemente, bem-estar social. Por outro lado, cada real que você dá pela fotocópia ou cópia eletrônica não autorizada de um livro financia um crime e ajuda a matar a produção intelectual.

Nesta obra respeitou-se o Acordo Ortográfico da Língua Portuguesa (1990), ratificado em 2008.

Dados Internacionais de Catalogação na Publicação (CIP)
(Câmara Brasileira do Livro, SP, Brasil)

Batista, Everilda (Espírito).
   Os dois lados do espelho / pelo espírito de sua mãe,
Everilda Batista ; [psicografado por]
Robson Pinheiro. – 2. ed. rev. – Contagem, MG :
Casa dos Espíritos Editora, 2012.

   ISBN 978-85-99818-22-0

   1. Espiritismo 2. Psicografia I. Pinheiro,
Robson. II. Título.

12-06418   CDD-133.93

Índices para catálogo sistemático:
1. Mensagens psicografadas : Espiritismo
133.93

*Para as irmãs Marvione e Bá e meu pai
Adelmário, que marcaram a vida de Everilda
Batista tanto quanto a minha.*

Sumário PARTE I

Prefácio *por* EVERILDA BATISTA VIII

Everilda Batista: a mãe, a mulher XII
por LEONARDO MÖLLER, EDITOR

Afeto e afetividade: *permita-se ser sensível* 23

É preciso apaixonar-se: *renove a vida dentro de você* 26

Você pode ser mulher também:
viva o lado feminino sem traumas 29

Seja homem: *tenha coragem de arriscar* 33

É preciso esclarecer: *ninguém é culpado* 37

Nem merecimento nem castigo:
somente conquista e aprendizado 40

Para sempre, Eva: *os exemplos das filhas de Eva* 44

As filhas de Eva
e a postura feminina, e não feminista 48

Pais e filhos: *onde estão os limites?* 54

Enamore-se pela vida:
aprenda a estar bem em sua própria companhia 61

Seja feliz, apesar da aparente solidão 66

Meu filho, minha vida:
coisas distintas, mas complementares 69

Família: *um caso sério em que pensar* 75

Vivendo a vida com alegria:
que tal aprender a celebrar a vida? 79

Transforme sua vida:
não se prenda a tabus e preconceitos 84

Conceitos de vida:
é preciso rever os seus com urgência 88

Masculino e feminino: *união sem fusão* 92

Valorizando a vida e o amor:
sempre é tempo de recomeçar 98

Seja você simples ou chique,
jamais perca a elegância 102

Meu filho também é um espírito:
educação e liberdade 106

Prefácio
por EVERILDA BATISTA

DESTE LADO DE CÁ DA VIDA permaneço como a mulher simples que um dia habitou este mundo, a Terra. Ainda gosto muito de me achegar aos corações sofridos, àqueles que choram e que buscam consolo.

Continuo trabalhando muito junto de vocês. Ouço todas as dores e lamentos e, em certas ocasiões, tenho uma grande vontade de lhes falar ao pé do ouvido.

É por isso, minha filha, que me expresso através de suas mãos – quero que minhas experiências e o consolo que encontrei possam chegar às almas que sofrem. Não pretendo ensinar ninguém, mas mostrar que, mesmo diante de tantas lutas e desafios, é possível ser feliz. Basta trabalhar sempre, confiar de forma inabalável na vida e depositar nas mãos do Senhor cada momento da existência.

Quero falar diretamente ao seu coração e ao dos meus tantos filhos, pois a família não para de crescer. Trabalhe para que esse objetivo possa se cumprir. Trabalhando sempre e servindo sem cessar,

EVERILDA BATISTA,
a serva do senhor[1]

---

[1] Psicografia da médium Sônia Diniz, na Sociedade Espírita Everilda Batista, em Contagem, MG, no dia 13/11/2003.

PARTE I

Everilda Batista: a mãe, a mulher

por LEONARDO MÖLLER, EDITOR

"Nunca disse que seria fácil.
Disse apenas que compensava."
– *Everilda Batista*

ESSA EPÍGRAFE transformou-se numa espécie de mantra da Sociedade Espírita Everilda Batista, instituição fundada por Robson Pinheiro em 1992. Tais palavras representam a essência da personalidade do espírito que é um dos coordenadores espirituais da instituição.

CONTATO PROGRESSIVO

Conheci Everilda Batista quando ela já estava no plano espiritual. Mas parece que não;

tenho a nítida impressão de ser ela uma mulher, a Dona Everilda de minhas memórias – uma espécie de mãe emprestada, que logo vou rever, em sua casa no interior.

A princípio, as informações que recebia sobre Everilda Batista vinham dos histórias que seu filho Robson Pinheiro contava. Posteriormente, em desdobramento astral, pude encontrar-me com ela na dimensão extrafísica, embora minha lembrança indique serem raras tais ocasiões.

Tive então a oportunidade de conviver mais diretamente com ela numa das atividades que é seu xodó: a reunião de cartas consoladoras, na qual as pessoas vão buscar notícias dos familiares que já habitam o mundo espiritual. De forma regular e sistematizada, o médium Robson Pinheiro desempenha essa atividade desde 1999, furtando-se a ela apenas quando a saúde o impede. Invariavelmente, Everilda se faz presente nessas ocasiões, quase ao ponto de tomar literalmente a mão de seu filho, transmitindo-lhe o pensamento e os sentimentos dos espíritos.

Alguns anos mais tarde, passei a conviver com a presença marcante de Everilda nas reuniões de evocação, que em nossa casa espírita é o jeito de fazermos terapia espiritual – ou desobsessão, para quem prefere. Nos momentos mais difíceis, quando parece que nada vai se desenrolar e que o espírito atendido não arredará pé de sua posição inflexível, ela surge.

A presença de Everilda Batista é puro amor – e quem me conhece sabe que não sou dado a pieguice e frases feitas. Mas abstenho-me de meus próprios preconceitos e reitero: ela é puro amor. Ao invocarmos seu auxílio, poucos são os espíritos que não se sensibilizam, ainda que inconscientemente, e novamente se tornam capazes de fazer contato com os próprios sentimentos. Afinal, há os que se encontram de tal forma endurecidos que a terapêutica é esta mesmo: voltar a sentir. Simplesmente essa função esteve desabilitada, em virtude da fuga desmedida de sua própria dor.

LENTES DO AMOR

Lembro-me de um dos primeiros episódios de patologias espirituais complexas registrados nos anais da Casa de Everilda Batista.

Jonas[2] não suportava ver Juan, e em hipótese alguma dava as costas para ele. Juan, jeito pacato, enfrentava situações vexatórias em virtude da implicância fortuita, sem causa aparente. Jonas, que nunca fora dado a agressões físicas, chegou a despejar uma estante repleta de livros sobre Juan, após aplicar-lhe uma sucessão de golpes. O caso atingira o ápice do desequilíbrio; ambos eram fundadores da instituição.

Em uma assembleia administrativa, que reunia coordenadores das duas dimensões da vida, Everilda Batista, à sua maneira um tanto marota, indaga:

– Que brilho é este na nuca de Jonas?

Imediatamente Joseph Gleber, médico espiritual, um dos mentores da Casa, inter-

---

[2] Os nomes dos personagens foram trocados para evitar constrangimentos.

vém. Everilda Batista, como quem não quer nada, tinha indicado a gênese do problema entre Jonas e Juan. Localizara um aparelho parasita, implantado no sistema nervoso central de Jonas.

Hoje há facilidade relativa em detectar a presença desses instrumentos, através do desdobramento induzido. Altamente tecnológicos, elaborados em laboratórios do astral inferior, tais aparelhos podem projetar imagens mentais poderosas em suas vítimas, possibilitando o domínio mental à distância, portanto sem a presença constante do chamado obsessor. Na época, entretanto, os médiuns desconheciam essas técnicas.

Como pôde Everilda identificar o artefato? Joseph Gleber revelaria, mais tarde, seu *segredo*:

– É que ela ama demais, e aprendeu a enxergar com as lentes do amor.

MULHER DO INTERIOR DE MINAS

A dedicação de Everilda Batista já se fazia notada no desempenho da profissão de merendeira escolar, em Governador Valadares, leste de Minas Gerais. Até seu desencarne, aos 58 anos, relacionou-se bem tanto com a população de baixa renda quanto com a elite da cidade, que é das maiores do interior do estado.

Sem saber ler uma só linha, possuía conversa e postura elegantes, que desafiavam os conceitos de seu ambiente sociocultural. Mulher da periferia, conseguia arregimentar recursos para os mais empobrecidos, alimentar os famintos, adotar e educar filhos, dando-lhes moradia – apesar da remuneração fixa inferior a um salário mínimo por mês.

Everilda, que era meio viciada em trabalho, conseguia a todo instante estampar um sorriso no rosto, arrumar logo motivo para sonhar, trabalhar e agradecer. Porta-voz do bom ânimo e do otimismo, sabia usar da palavra – do *sim* e do *não* – para, de fato, educar.

QUEM É VIVO SEMPRE APARECE

Minha história se encerra ao confessar que

de uns tempos para cá tenho podido ver Everilda Batista de outro modo. É que atualmente ela se manifesta através de uma médium da Casa que leva seu nome. Essa outra mulher guarda também a marca da mulher empreendedora. Ao mesmo tempo, é doutora e doméstica, mãe, líder e educadora – sobremaneira fanática por trabalho. Por meio dela Everilda escreveu o prefácio desta obra.

Pensando bem, minha história não se encerra. Tem apenas reticências...

Afeto e afetividade:
permita-se ser sensível

FALAR DE AFETO e afetividade é falar do feminino, da sensibilidade e da espontaneidade. O afeto é algo espontâneo no indivíduo e, ao mesmo tempo, é sinal de extrema sensibilidade da alma humana. As pessoas mais duras de sentimento, insensíveis ao toque e às trocas afetivas, costumam ser secas e apresentar dificuldade em conquistar amigos.

O aspecto mais interessante de se observar, no entanto, é que existem homens com imenso potencial afetivo e extrema facilidade de expressar a afetividade, enquanto há mulheres frias e amargas – o que soa paradoxal.

Uma das características das pessoas que não expressam a afetividade é a amargura para com a vida e o mundo. Enquanto a expressão de afeto, carinho e amor constituem o estado normal e natural do ser humano, a insensibilidade emocional e a falta de afetividade são estados alterados, irregulares na existência.

Portanto, permita-se expandir seu afeto. Demonstre ao mundo sua sensibilidade e aprenda a trocar energias positivas e benfazejas, externando carinho e amor. Seja você mulher, mãe, rainha do lar ou princesa da vida; seja homem, macho, sensível ou não, permita-se sentir a doçura do toque, da troca, do abraço e do carinho de alguém. Revolucione sua vida e entregue-se ao sabor da sensibilidade; não impeça que seu lado feminino se expanda e se mostre ao mundo.

Ser afetuoso e sensível, agir com suavidade e cordialidade, demonstrar afeto e carinho, bem como aceitar as trocas incessantes de amor que a vida promove não tornam o homem menos homem, não são sinal de fraqueza. Porém, certamente tornam o mundo e a sua vida muito melhores.

É preciso apaixonar-se:
renove a vida dentro de você

QUEM NUNCA se apaixonou não experimentou o sabor de viver. Por isso afirmo que precisamos urgentemente de nos apaixonar, entrar numa relação íntima de permuta de sentimentos com algo, uma ideia ou um ideal.

Não nos apaixonamos apenas pelo semelhante, isto é, por um ser humano. Contudo, numa relação em que uma das partes não se envolve, não se deixa impregnar pelo outro e não respira o clima do outro, não há compartilhar nem palmilhar.

Muitos passam pela vida sem experimentar o viver ou, então, a vida passa por eles, que permanecem à margem do caminho, como árvores ressequidas. É imprescindível nos entregarmos a um amor ou ao amor. Quem ama e se apaixona também se envolve, se deixa excitar mentalmente com o objeto do seu amor.

É preciso apaixonar-se por uma ideia ou um objetivo; o ser humano necessita respirar na atmosfera saudável de um ideal elevado. Sem metas e sem se entregar a algo que dê sentido maior à existência, o indivíduo passa a viver entediado e, ao fim de sua experiência física, encontra a frustração. Quando você elege algo a que se dedicar, seja uma filosofia de vida, uma religião ou ainda a defesa de qualquer projeto que enobreça e auxilie a humanidade, coloca-se automaticamente ao abrigo do tédio, e sua vida deixa de ser uma rotina.

A paixão por algo, alguém ou um ideal reacende a chama da vida em nosso coração.

Quando nos deixamos envolver de tal forma que nossos poros passam a respirar uma ideia sublime ou um ideal altruísta, não vemos o tempo passar nem damos tanta atenção aos percalços da caminhada humana, que certos indivíduos teimam em destacar.

Portanto, seja inteligente e arranje imediatamente algo com que ocupar seus pensamentos, emoções e ideias. Apaixone-se e aprecie o sabor de viver, a delícia de ser; sinta a seiva da vida vibrando dentro de você.

Você pode ser mulher também:
viva o lado feminino sem traumas

QUANDO AFIRMO que é necessário sensibilidade para viver, quero enfatizar que o lado feminino do ser humano precisa ser destacado. Não importa se você é homem ou mulher – é necessário realçar seu lado feminino.

A vida no mundo por vezes exige uma cota de agressividade e inspira determinada forma de agir que muitos interpretam como a necessidade de ser violento, bruto no trato com as coisas e pessoas. Caso você passe na rua e resolva sorrir ou olhar alguém mais detidamente, muito provavelmente o outro logo se esforçará para dar uma expressão mais forte e máscula ao semblante. O ser humano comum padece de um medo aterrador do sensível e, dessa forma, encastela-se em expressões grosseiras e defensivas.

É hora de desarmar-se interiormente e educar-se, tanto quanto aos filhos, para expressar o lado mulher, o aspecto feminino que cada um possui.

Ao homem pode até ser atribuída a expressão do intelecto e a manifestação da razão; a mulher, no entanto, é pura intuição, sensibilidade e afetividade.

Esse fato não impede que deparemos com mulheres másculas, que a sociedade obrigou a uma postura masculina e agressiva, devido à própria necessidade de sobrevivência. A perda do marido ou o desmoronar de seus sonhos frequentemente faz com que a mulher adote uma postura masculina, esforçando-se para demonstrar características de dureza e fortaleza que em certos casos não possui. Embora justificável, é tudo uma fantasia para disfarçar a extrema sensibilidade da alma feminina.

Por outro lado, encontramos homens que se deixam envolver por ideias machistas e preconceituosas; revestem-se de uma couraça, uma fantasia tão masculinizada que perdem a conexão com seu lado sensível. Isso é resultado da fragilidade da alma, que mascara sua nudez íntima e seus temores entregando-se a posturas compensatórias, que antagonizem com aquilo que não consegue encarar: o lado feminino. São homens que dão tremenda importância ao que os outros possam vir a dizer a seu respeito e, dessa maneira, aprendem a se comportar de forma dura, relegando para a profundidade de sua alma qualquer expressão de sensibilidade.

Você, esteja no corpo masculino ou feminino, pode ser mulher também; pode se permitir ser sensível e demonstrar seu lado feminino.

Nada disso se relaciona com sexualidade ou mesmo sensualidade, mas com o fato de que você é humano. O gênero humano é feminino e masculino; contém em si os dois polos. Não apenas uma, mas duas formas de manifestar o Deus que está escondido dentro de cada um de nós, de modo simultâneo e complementar.

Permita-se viver seu lado feminino. Sensibilize-se e explore sua intuição. Seja menos agressivo e deixe-se derreter de amor.

Seja homem:
tenha coragem de arriscar

NA VIDA, quem não se arrisca não encontra a vitória. A coragem de arriscar é uma marca dos vencedores. Tem gente por aí tão acostumada com a infelicidade e as situações aflitivas que se encontra murcha, como flor arrancada da haste. Por medo de arriscar-se a enfrentar uma situação inédita ou empreender algo novo, perde preciosas oportunidades de ser feliz.

Insatisfeitos com o casamento, são indivíduos que se entregam à amargura, pois não têm coragem de investir na própria felicidade. Quando adotam uma filosofia espiritualista e reencarnacionista, costumam justificar-se: "É meu carma!". Ou afirmam que a situação de infelicidade conjugal é fruto de uma missão, um mandato de salvação espiritual, que desempenham junto de quem os faz infeliz. Absurdo – é pura invenção de quem não tem força para renovar ou coragem para arriscar e deseja sofisticar seus argumentos e incrementar suas desculpas com razões transcendentais. Ninguém nasce para ser infeliz, e não existe carma que obrigue alguém a apanhar ou ser saco de pancadas de indivíduos desequilibrados. Na realidade, são seres medrosos, que preferem continuar no papel de vítima a ousar, permitindo-se nova oportunidade de construir a felicidade.

A vida pede coragem e risco. A criança, ao nascer, arrisca-se quando é expulsa do útero materno, que lhe oferece segurança. A mulher, para dar à luz, expõe-se ao risco de diversas complicações e problemas durante a gravidez. Para sobreviver no mundo atual, exige-se que o indivíduo enfrente risco constante, com prudência e cautela, mas igualmente com coragem para modificar, inovar, renovar e construir.

Quem não é ousado e se entrega ao conformismo, jamais experimentará a vitória ou o sabor da felicidade. O risco é algo que historicamente atrai o ser humano; foi arriscando-se que o homem construiu as caravelas, os aviões e os foguetes, que romperam muitos limites.

É claro que o risco de experimentar e revolucionar sua vida para construir algo bom não deve levá-lo a desprezar o bom senso. Por outro lado, não podemos deter o progresso indefinidamente; por mais que tenhamos medo de dar um basta em certas situações, não podemos adiar isso de modo sistemático sem enfrentar consequências. Decisões precisam ser tomadas, e riscos precisam ser assumidos. Utilize a razão, a intuição e o bom senso, e não deixe de empreender uma mudança em seu modo de viver. Não se conforme com a infelicidade nem se deixe entregar ao desânimo.

Arrisque! Seja uma pessoa empreendedora e de sucesso. Ouse viver com qualidade.

É preciso esclarecer:
ninguém é culpado

Não viva procurando culpados por algo que o incomoda, por coisas ou situações aflitivas ou mesmo pela sua infelicidade – a religião da culpa já caducou. Em pleno século XXI, já é hora de entender que todos temos *responsabilidades* e nossas atitudes acarretam *consequências*. Culpa, porém, é invenção de quem não se gosta, de gente que não se ama.

Assuma responsabilidade por tudo aquilo que você diz ou faz, mas não tente se culpar. Procure esclarecer situações constrangedoras ou compreender eventos marcantes, mesmo que os julgue negativos, em vez de ficar em busca de culpados.

A culpa ainda traz outro agravante: está invariavelmente associada à ideia de castigo ou punição. Se você é daqueles que cultivam a culpa, no lugar de liberar-se dela através do autoperdão, faça um exame criterioso de suas atitudes: certamente identificará a presença de algum tipo de autopunição.

Todos são responsáveis por seus pensamentos e atitudes, mas ninguém é culpado. Aquele que culpa o outro disfarça as próprias faltas; quem se sente culpado já carrega em si a própria punição.

Não seja mesquinho com você mesmo e liberte-se dos grilhões da culpa, assumindo uma atitude inteligente. Pense naquilo que o incomoda, mas procure estabelecer sintonia com ideias e atitudes mais nobres e sadias. Faça um inventário de sua vida e de suas aquisições e, em vez de se culpar ou apontar culpados, simplesmente assuma-se. Esforce-

-se para fazer diferente da próxima vez e não carregue o peso doloroso das cobranças.

A lei de Deus não conhece o termo *culpa* – o que existe são acertos e desacertos próprios de quem está em processo de educação. Você e os outros bilhões de seres humanos do planeta Terra estão apenas aprendendo a viver. Veja a vida sob esse aspecto, e não haverá mais culpas ou culpados. Então descubra que, para Deus, todos são inocentes.

Nem merecimento nem castigo:
somente conquista e aprendizado

MUITA GENTE VIVE se culpando disso ou daquilo e, devido a sua baixa autoestima, não se permite curtir a vida e apreciar a beleza da paisagem e os encantos ao seu redor.

No âmbito espiritualista, por exemplo, é comum ouvir pessoas religiosas dizerem: "Eu não mereço isso", "Isto é carma", ou, ainda: "Fulano é meu carma!". Pensam que carma é algo negativo e, ao mesmo tempo, se consideram tão pequenas e indignas que não se julgam merecedoras de algo bom.

Quando produzem alguma coisa boa e elevada, tais indivíduos atribuem a autoria a um espírito; todavia, nos momentos em que erram ou julgam errar, afirmam ser de sua inteira responsabilidade. Imbuídos de um falso conceito de humildade, que se relaciona mais com a aparência que com a essência, falam de si mesmos sempre na primeira pessoa do plural: "Nós somos muitos pequenos" ou "Nós fizemos isto ou aquilo". Ora, esse plural por acaso se refere ao indivíduo e seu companheiro espiritual, que agem em conjunto? É como se o fato de não utilizar o pronome *eu* fizesse brotar a humildade.

Deve-se esclarecer que o ser humano é possuidor de muita coisa boa. O hábito de se considerar pequenino e dizer: "Não sou nada, tudo de bom vem apenas dos espíritos!" não é sinal de humildade – é puramente baixa autoestima. Aquele que pensa, fala e se comporta assim deve imediatamente fazer um levantamento de sua vida e aprender a valorizar as coisas belas e boas que é capaz de fazer.

Tudo é conquista e aprendizado. Por que então achar que não é merecedor disso ou daquilo? A expressão "Eu não mereço" deveria ser substituída por "Eu não me permito", pois assim compreenderíamos melhor a verdadeira motivação que se esconde por trás das afirmativas de fracasso.

Estamos todos inseridos num programa de educação ministrado pelo Cristo. Trata-se de um curso intensivo de desenvolvimento da autoestima e do otimismo. Há 2 mil anos ecoam na atmosfera as palavras do Cristo: "Sois deuses",[3] "Vós sois o sal da terra. (...) Vós sois a luz do mundo"[4] ou, ainda, "Aquele que crê em mim também fará as obras que eu faço. E as fará maiores do que estas".[5]

---

[3] "Vós sois deuses; vós sois todos filhos do Altíssimo" (Sl 82:6), passagem das Escrituras que é relembrada por Jesus (cf. Jo 10:34).

[4] Mt 5:13-14.

[5] Jo 14:12.

Infelizmente, o falso conceito de religiosidade embaça a verdadeira espiritualidade, e os homens, querendo parecer portadores de uma humildade e uma santidade que não possuem, inventam afirmações destrutivas de suas melhores realizações.

É claro que reconhecemos estar muito distantes do céu, mas já conseguimos plantar flores e jardins na Terra. Ainda não nos tornamos aquilo que cobramos de nós mesmos, mas também já não somos os bárbaros de outrora. Estamos a caminho, esforçando-nos por melhorar. Portanto, não se entregue a comparações mesquinhas – das quais você não necessita, nem é merecedor. Conquiste aquilo que está à sua disposição. Permita-se tomar posse do amor, da felicidade, da vitória profissional e das conquistas sociais nobres. Por que não?

Seja desbravador de sua felicidade e de sua satisfação pessoal. Conquiste; permita-se ser pleno e feliz.

Para sempre, Eva:

os exemplos das filhas de Eva

MUITAS MULHERES no mundo lutaram bravamente pela realização de seus sonhos. Muitas vezes limitadas pelo preconceito ou pelos impedimentos naturais de sua época, viveram, a despeito de qualquer obstáculo, investindo no futuro e acreditando em uma luz no meio da escuridão.

A história está povoada de figuras femininas que não se conformaram com as atitudes arbitrárias, acanhadas e castradoras impostas pela sociedade ou por homens dominadores. Ousaram sonhar com uma época de felicidade e satisfação. Podemos dizer que as mulheres fizeram a história do mundo, trabalhando lenta e muitas vezes silenciosamente por detrás da figura masculina.

Dessa forma, não há por que desanimar diante das dificuldades que em certos momentos apresenta-se à figura feminina. Há mulheres que reclamam não poder enfrentar o mundo devido à sua condição de dona de casa, mãe ou educadora do lar. Pensam que, por estarem atadas a tais compromissos, os quais julgam de pouca importância, têm sua atuação no mundo prejudicada.

A maternidade e a educação são as duas maiores missões confiadas aos seres humanos. Ambos representam votos de confiança que a bondade de Deus concede às venerandas filhas de Eva.

Quando uma mulher recebe como filhos espíritos em dificuldade moral ou com profundos desequilíbrios do corpo, da mente ou do comportamento, é porque Deus sabe que ela tem forças. Os fracos não suportariam o peso da missão e certamente recuariam. Como possui conhecimento de que tais mulheres desenvolveram o sentimento e a fortaleza moral o suficiente, o Pai confia a elas a guarda de seus filhos em maiores dificuldades.

Mulheres de todas as épocas mostraram o seu valor, e muitas corresponderam ao investimento que o Alto fez em suas vidas. O Evangelho e o Novo Testamento falam dos exemplos de Dorcas e Joana, esposa de Cusa, assim como da extraordinária força de Maria de Magdala,[6] que venceu o preconceito e superou-se em amor e dedicação. Mais tarde, a história nos apresenta Joana d'Arc [1412-1431], a heroína francesa, com sua fortaleza moral e seu magnetismo; Teresa de Ávila [1515-1582], a mística espanhola; Ana Néri [1814-1880], a grande pioneira da enfermagem brasileira, e tantas outras. Todas deixa-

---

[6] Respectivamente, mencionadas em At 9:36-39; Lc 8:3; e Maria de Magdala ou Madalena em Mt 27:56,61; 28:1; Mc 15:40,47; Lc 8:2; 24:10; Jo 20:1,18, entre outros.

ram suas marcas de realização, lutas e empreendimento. Foram mães, heroínas, mulheres do povo, religiosas, enfermeiras ou administradoras. Cada uma no exercício de sua função, todas foram mulheres que mostraram ao mundo o que força de vontade e determinação são capazes de realizar quando o desejo é fazer algo construtivo.

Ninguém precisa passar despercebido, ficar tímido ou permanecer de braços cruzados. Seja na intimidade doméstica, nos laboratórios, no serviço público ou em qualquer posição que a vida possa situá-la, saiba que você pode ser referência e conduzir a força transformadora.

À mulher foi dado um poder de ação inigualável. Ela convence com o coração e sensibiliza sem a ferocidade e a pujança das armas. Ao orientar os filhos, define o futuro do mundo, traça os rumos do amanhã. Em qualquer situação, a mulher pode transformar-se em força propulsora do progresso. Para encontrar tal realização, todavia, vale lembrar que é preciso querer.

As filhas de Eva

e a postura feminina, e não feminista

AO LONGO DO TEMPO a mulher foi relegada a segundo plano, disfarçando sua presença para que o homem pudesse aparecer no cenário como conquistador e autor de feitos e ideias. Salvo algumas exceções dignas de nota, até mesmo nos relatos bíblicos, em que se procura discorrer acerca da vida das grandes almas que pisaram a Terra, fica claro que a atuação feminina mereceu apenas enfoque secundário.

Ignorada durante séculos e pouco valorizada inclusive nos movimentos motivados pela religiosidade do ser, a figura feminina muitas vezes foi obrigada a manter-se discreta na história, percorrendo à margem sua própria trajetória. A mulher transformou-se em símbolo de mistério, e a maternidade, em sinônimo de dor e renúncia.

Entretanto, como tudo que é reprimido, certo dia encontra oportunidade de se revelar e rompe as barreiras impostas até então. Assim sendo, o papel da mulher foi aos poucos reconquistado, até atingir a revolução feminista. Nesse ponto, o movimento deflagrado em prol da liberdade de expressão da mulher reivindicou determinados direitos e posturas que, mais tarde, mostraram-se profundamente ambíguos.

A maternidade e a função educadora do lar foram postas de lado, diante das conquistas femininas – aparente avanço que não foi atingido sem lágrimas. É que os lares, em sua maioria, foram varridos pelos ventos da discórdia. As drogas e o desregramento sexual acabaram entrando pelas portas da frente – as mesmas pelas quais as mulheres saíram, em busca de maior liberdade de expressão no mundo masculino. Em diversos países, os valores da família tiveram de ser revistos e reavaliados, pois, sem a figura da mulher-mãe e da mulher-educadora do lar, muitos filhos tiveram de ser entregues aos cuidados alheios.

A mulher da atualidade ainda não acordou para sua importância na sociedade. Muitas ainda não sabem que seu papel no seio da família é de importância vital para que a humanidade possa desenvolver-se.

A família funciona como uma célula da civilização humana. A sociedade, com seus problemas e dificuldades, apenas reflete o que acontece no âmbito doméstico.

Podemos fazer uma analogia da família com o corpo humano. A união das células forma os órgãos, que, unidos, compõem os sistemas. Juntos sustentam a comunidade orgânica, templo onde habita o espírito imortal. Para que as células funcionem regularmente, é preciso que o fluido vital as lubrifique, dando vida e movimento aos corpos. Por sua vez, a mulher funciona como fluido de extrema sensibilidade, que lubrifica e mantém em funcionamento a família. A influência da mulher é essencial para o equilíbrio doméstico.

Numa época em que luta para igualar-se ao homem, a mulher, esquecida de seu papel grandioso, acaba por imitar o chamado sexo forte em muitos de seus vícios e defeitos, sem dar-se conta de seu real potencial e de sua responsabilidade.

As observações por mim registradas não pretendem de forma alguma condenar os valores e as vitórias adquiridos pelas mulheres ao longo de sua trajetória, porém visam realçar a sua importância como referência para a educação no lar e, por extensão, na sociedade como um todo. Ante as conquistas evocadas e defendidas pelas filhas de Eva, ninguém se esqueça de que há 2 mil anos a mulher já havia atingido a maior condição que poderia almejar, na figura exemplar e veneranda de Maria de Nazaré.

Somente os séculos futuros e as reflexões características dos surtos evolutivos conseguirão mensurar a importância da mulher na formação da mentalidade e da conduta humanas.

Sem desvalorizar as preciosas conquistas realizadas no campo social, político ou profissional, apenas chamamos a atenção de todas as mulheres, como também dos homens conscientes de sua importância, para o fato de que a sua influência sobre o destino da humanidade é relevante. A mulher consciente de seu papel de formadora do caráter dos filhos tem em suas mãos uma das maiores missões já concedidas aos filhos da Terra.

Por mais discreta que possa passar pelos caminhos humanos, a mulher está definida como o elemento dinamizador do progresso. Somente com a conscientização de sua importância e do poder que detém em seu espírito é que a mulher conquistará toda a liberdade, todo o amor e toda a ternura que somente ela é capaz de administrar.

O homem convence pelos argumentos da razão. A mulher conquista pela ternura do coração. O homem, pelo intelecto e pela força, impulsiona o progresso do mundo. A mulher, pela sua condição de mãe e educadora, organiza o planeta, transformando-o em lar da humanidade. Ao homem poderá até estar reservado o trono, a conquista e o domínio, mas somente à mulher está reservado o altar e o poder – o discreto, mas invencível poder do coração, que é capaz de forjar os verdadeiros vitoriosos e invencíveis.

Pais e filhos:
onde estão os limites?

TODOS PRECISAMOS definir papéis, a fim de conhecer os limites. Até que ponto os pais devem ser obedecidos? Até que pontos os filhos podem fazer o que querem? E onde estão os limites entre a autoridade dos pais, o terrorismo doméstico e a ditadura do lar?

Muitos pais interferem em demasia na vida dos filhos, sem respeitar sua privacidade. Impõem, às vezes, um sem-número de proibições e exigências, estatuindo leis e mais leis dentro de casa. Ao agirem assim, costumam provocar imensa carga de revolta naqueles que vivem o papel de filhos. Criaram a fantasia de que o lar é um campo de batalha, e a família e os filhos, um batalhão que deve obediência aos generais do lar. A repressão, as proibições, os tabus e os regimes terroristas no lar encontram seu termo quando os filhos, revoltados, se lançam prematuramente a certas experiências da vida. Em casos extremos, porém mais corriqueiros do que se imagina, observa-se o triste fim daqueles que, admitidos no submundo do narcóticos, são adotados por traficantes e outros indivíduos incautos em relação à preciosidade da vida.

Educar não é reprimir nem impor.

Os espíritos que têm reencarnado na Terra, notadamente nas três ou quatro últimas décadas do século xx e no início deste século, são dotados de senso crítico apurado. Não aceitam ideias impostas apenas por força da autoridade e questionam as opiniões preconcebidas formuladas ou reproduzidas por muitos pais, sabe-se lá de que geração. Não são apenas os filhos que carecem de senso de limite, mas também certos pais.

O adolescente e o jovem da atualidade não aceitam imposições e repressões. Isso é um fato que deve ser levado em conta por pais ou educadores ao lidarem com as novas gerações. Sem uma explicação inteligente, que fale ao bom senso e seja capaz de *convencer* o jovem a agir desta ou daquela maneira, toda ideia apresentada será rejeitada de imediato. Afinal, por que os filhos têm que obedecer simplesmente, sem questionar? Isso não é autoridade moral – é abuso de poder.

Fazer com que o jovem e o adolescente acatem certas normas e restrições dos pais não significa que compreenderam ou aceitaram a situação. Não se iluda. Nos casos em que a vontade dos pais é apresentada como lei irrevogável, surge a revolta muda ou declarada e, como consequência, a mentira e a tentativa de fuga da repressão, de algum jeito, a depender da personalidade do ser submetido. Pronto: é o suficiente para abrirem-se as portas para grandes perigos, que desejamos manter longe de nossos lares.

Pare um pouco, mulher! Reflita, homem, sobre suas atitudes! O mundo mudou, e aqueles espíritos que hoje desempenham o papel de seus filhos não são seres de menor inteligência ou perspicácia – eles pensam, não os subestime. Sabem pensar e questionar, são seres livres, embora temporariamente sob seu jugo.

Que tal experimentar o diálogo? Talvez você me diga que em sua casa não existe possibilidade de diálogo. Mas, então, por que você não muda o seu jeito de agir, suas atitudes dominadoras e seu sistema de educação? Qualquer pedagogia ou metodologia educacional é preferível ao estilo arcaico e ultrapassado do abuso de autoridade.

Que você tem produzido e quais resultados tem obtido ao longo dos anos com seu método de condução da família e dos filhos? Você acha que é amado ou temido? Será que você conquistou parceiros em seus filhos ou impôs o regime absolutista aos súditos do lar?

É bom refletir um pouco sobre isso. Aliás, é urgente uma reflexão a respeito do método de educação no lar.

Imposição não é educação, e trazer os filhos sob regime militar também não resolve os problemas morais deles nem os seus. Ainda que aparentemente possa funcionar, o sistema entrará em colapso quando faltar a sua mão de ferro. Não será mais difícil transformar as coisas já no entardecer da existência?

Somente fazendo as coisas de modo diferente é que elas serão realmente diferentes. É preciso mudar seu jeito de ser, de ver a vida, de agir e de tratar a família. Se o método antigo mostra-se falho e obsoleto, então ouse modificá-lo. Modifique-se! Tente mudar seu método de trabalho e de ação junto à família. Reconquiste seus filhos, procure entendê-los e manifestar seu afeto; torne-se parceiro deles no processo de aprendizado. Desenvolva sintonia com o momento evolutivo familiar e, sem imposições ou cobranças, abuse do diálogo, da compreensão e do amor. Ao agir assim, você, seja mãe ou pai, alcançará o respeito que deseja e naturalmente se estabelecerão os limites – tanto para os filhos quanto para você.

Uma relação de parceria e respeito na família, com a construção de um futuro feliz, é possível mediante a compreensão, a cumplicidade nas coisas boas e o caminhar em conjunto.

No momento histórico em que vivemos, os regimes despóticos e tirânicos, de norte a sul do planeta, aos poucos encontram seu fim, diante do progresso social e das leis. Que justificativas há para mantermos em casa uma situação de abuso do poder? As políticas sociais e econômicas passam por transformações; ao redor do globo, as nações buscam adaptar-se aos novos tempos. Como esperamos manter o lar à margem de toda essa reflexão, repetindo as práticas habituais?

A família é a célula da sociedade. Se a célula se deixa destruir em seu núcleo, em breve poderá aparecer uma enfermidade ainda mais grave. Urge que pais e filhos encontrem os limites de sua ação e delimitem seu papel para a construção da felicidade no ambiente familiar.

Enamore-se pela vida:
aprenda a estar bem
em sua própria companhia

MUITOS SE DIZEM infelizes e reclamam viver na solidão. Pintam a vida com cores cinzentas, maquiam-se com olheiras profundas e enfeitam-se de rugas precoces, cuidadosamente cultivadas, pois adoram exibir os sinais de sua infelicidade – parece proporcionar-lhes um prazer bastante mórbido.

Mas... solidão? Num mundo povoado por bilhões e bilhões de habitantes, você ainda se diz solitário? É possível que você precise de um colírio especial, a fim de que possa perceber as riquezas das experiências que abundam em torno de si. Ninguém precisa estar só. Por toda parte há seres humanos e vidas que aguardam outros corações para, juntos, cultivar e saborear o amor e a felicidade.

Talvez o que ocorra com as pessoas que se sentem solitárias é que elas escolhem demais, selecionam muito e procuram perfeição, beleza incomum e atenção exclusiva. Isso torna difícil qualquer parceria, diminuindo drasticamente as possibilidades de encontrar alguém que com elas sintonize. Na dificuldade de encontrar alguém perfeito ou o modelo ideal de seus sonhos e ilusões, o ser se fecha numa concha de egoísmo e não se permite viver.

Seja você homem ou mulher, aprenda a viver bem com a vida e suavizar suas experiências no mundo com sorriso e beleza. Enfeite-se, arrume-se, aprenda a estar bem em sua própria companhia. Torne sua casa, seu quarto, suas coisas pessoais mais agradáveis.

Aprenda a curtir você próprio. Veja um bom filme ou ouça uma música alegre e descontraída na presença da pessoa mais importante do mundo: você.

Enquanto você não aprender a se gostar, a cuidar mais de si pelo simples motivo de que você merece, em vão continuará a procurar a felicidade exteriormente. Muita gente se sente solitária porque ainda não aprendeu a gostar de si própria. Que tal experimentar um programa diferente? Por que não tomar um banho demorado, perfumar-se, colorir seu dia de alegria e curtir sua própria vida, o corpo que lhe foi dado, assim como suas lembranças felizes?

Faça uma visita ainda hoje a seu quarto. Remexa em suas coisas e aprecie o velho álbum de fotografias. Aprenda a ser grato pelas coisas e pessoas boas que fizeram ou fazem parte de sua vida. Ao deitar-se, que tal vestir-se com sua melhor roupa, a mais limpa e perfumada que você possui? Torne sua noite especial na companhia de você mesmo. Curta-se, aprecie estar bem consigo mesmo. Isso é muito, muito saudável.

Pela manhã, acorde para a vida, respire o ar fresco. Delicie-se com o café da manhã que você preparou para a pessoa mais importante de sua vida, que é você. Saia para o mundo e permita-se entrar em contato com o planeta exuberante de vida, de situações e seres enriquecedores.

Aprecie a natureza, as pessoas. Olhe, explore o olhar para as coisas belas e aprenda a sorrir de verdade. Com cara fechada e expressão ranzinza ninguém vai achar sua companhia agradável. Enamore-se por você e permita que uma parcela da população do mundo possa ter acesso a essa alegria que irradia de você.

Vá à luta, saia para a guerra! Faça alguma coisa, mas faça. É preciso ter coragem para romper o cascão do egoísmo e deixar de lado essa ideia de solidão. Isso não serve para nada além de poluir seu aspecto visual com olheiras, rugas, mau hálito e mau gosto.

Menina teimosa, menino solitário: que tal sair por aí, enamorado pela própria vida e feliz por saber que você é importante para si mesmo, para Deus, que o criou, e para o mundo, que o abriga?

É isso aí, meus filhos: deem um basta nessa tal de solidão. Passe um batom maravilhoso, use uma roupa da moda, afinal você está viva. Enfeite-se de sorriso. Vista um terno moderno ou uma roupa descolada, dê um jeito neste cabelo – mude o corte! –, tome um banho de loja. Seja o que for, faça alguma coisa.

Ouse, tenha coragem de mudar, experimente o diferente – tome uma atitude que o expulse da inércia. Saia e viva! O mundo precisa de você feliz a fim de regar esse jardim de pessoas que lhe aguardam a contribuição para aumentar sua felicidade.

Viver é vibrar. Quem vive e quem ama se envolve, apaixona-se pela vida e transforma as lágrimas em perfume e creme hidratante de felicidade.

Seja feliz, apesar da aparente solidão

VOCÊ JÁ CUMPRIMENTOU a pessoa a seu lado? Hoje, apenas hoje, você sorriu para o motorista do ônibus, deu bom-dia para o vizinho ou cedeu seu lugar na fila para alguém? Será que você já parou para observar e se perceber em meio à multidão? Todos os outros são seres como você. Pensam, sentem, têm dores, alegrias e desejos. Você é importante, mas eles, igualmente, são especiais. Se não, não estariam aqui agora, integrando esta espaçonave cósmica chamada Terra.

Você não está sozinho no mundo. Por aí há crianças abandonadas, malvestidas ou carentes de afeto e amor. A seu lado, ao redor das mansões e das moradas bonitas, nos bairros elegantes, erguem-se favelas e casas humildes. São as histórias de outros seres humanos, que passam por você – ou você, por eles.

Pare um pouco e observe o mundo, as pessoas, as necessidades alheias. Veja que a realidade social traz o constante apelo da inclusão. O mundo e as pessoas esperam seu envolvimento e seu jeito especial de ajudar.

Solidarize-se! Não viva em solidão.

Não é necessário que você se transforme em Madre Teresa ou seja um São Francisco do século XXI. Não é isso que a vida espera de você. É bastante você se permitir ser humano, sensibilizar-se, perceber o mundo e as pessoas. Envolver-se com a vida e os seres a sua volta é poderoso antídoto contra a solidão e a infelicidade.

Quando o Cristo aconselhou *amar ao próximo como a si mesmo*, ele quis chamar a atenção ao mesmo tempo e com a mesma ênfase para as duas dimensões do amar: a necessidade do autoamor – a dimensão do *si mesmo* – e do envolvimento social – com relação *ao próximo*.

Amar-se, cuidar-se e estar feliz na companhia de você mesmo é fundamental. Mas não é suficiente para formar o quadro de felicidade que todos almejamos. É preciso que o amor ao próximo, ou seja, o envolvimento social, o convívio com o semelhante e a contribuição para o progresso do mundo, faça parte de nossos projetos.

Portanto, deixe de ser egoísta e derrube a máscara de solitário do rosto. Sorria, cumprimente, abrace, envolva-se com o mundo, com as pessoas. Não se feche numa concha de egoísmo. É preciso aprender a dividir com o outro, a compartilhar com o próximo a própria construção da felicidade – isso é celebrar a vida.

Meu filho, minha vida:
coisas distintas, mas complementares

HÁ PAIS QUE SE APRESENTAM de tal maneira apegados à vida de seus filhos que se anulam e passam a ter com eles uma relação simbiótica. Se, por um lado, sufocam os filhos com seus mimos e cuidados extremos, de outro, gravitam em torno deles sem viver a própria vida. Essa relação tende a se tornar extenuante, pois mina as forças de ambas as partes, sem permitir que cada uma viva as experiências que são peculiares a seu próprio mundo.

Cada passo dos filhos é seguido pelos olhos atentos dos pais, que monitoram gestos e atitudes, numa vigilância castradora. Há, ainda, uma situação equivalente, em que os genitores cultivam certo deslumbramento com relação às experiências dos filhos. É uma clara postura de fuga, de quem busca preencher e maquiar o cotidiano que não lhe apetece, ou então concretizar as expectativas e os anseios próprios nas realizações alheias.

É necessário rever urgentemente determinadas atitudes paternalistas ou protecionistas. Ser filho ou ser pai são papéis itinerantes: os cidadãos ou atores sociais ocupam ora uma posição, ora outra, e, frequentemente, ambas. Pais e filhos possuem uma relação de interdependência, acentuada na infância, fase que exige orientação, e na maturidade dos pais, cuja idade avançada requer cuidados. Entretanto, nada disso anula o fato de que cada um tem vida própria e é livre.

Sustentar a família ou educá-la é algo nobre. Contribui para a formação do indivíduo, da sociedade e para o progresso do mundo. Já anular-se em função da família ou de um de seus integrantes é atitude passível de reprovação severa e de reavaliação. O grupo familiar pode e deve crescer junto, mas comportar-se de forma a viver gravitando em torno de alguém, mesmo que seja um ente caro ao coração, é sintoma de profundo desequilíbrio. Todos precisam crescer e ter vida própria, libertar-se do protecionismo ou da submissão que anula o progresso.

O filho precisa sentir-se livre, caminhar com as próprias pernas, sem a proteção paternal que tolhe a liberdade. Envolver o jovem em uma redoma e isolá-lo do mundo, a pretexto de protegê-lo, só lhe embota a visão, dando-lhe a noção de uma realidade que é pura fantasia. Cedo ou tarde, ele terá de descobrir como as coisas funcionam de fato. Não é melhor que ele possa viver essas experiências em sua companhia, em vez de enfrentar sozinho o desconhecido?

Com frequência ocorre superproteção com filhos de pais separados, ou mesmo de viúvos que optaram por não se casar novamente. Os meninos estão submetidos ao olhar severo e à atenção – bem como à tensão – incessantes da figura materna ou paterna. São cuidados, mimos, excessos e preocupações de toda natureza; os filhos ficam seriamente prejudicados, tolhidos em sua liberdade. Em situações de viuvez e em que o genitor não se acha vinculado a nenhum relacionamento amoroso, é comum que direcione para os filhos toda a sua carência afetiva, projetando neles expectativas e desejos que jamais serão alcançados. Exercem, sem perceber, uma educação que escraviza a sensibilidade e o sentimento.

Estabelecida a simbiose emocional, surgem outros fantasmas que atemorizam o relacionamento: o ciúme castrador, o domínio da vontade, a manipulação e a chantagem sentimental. O aspecto de fragilidade e de vítima de abandono torna-se então o papel mais óbvio, desempenhado com tal esmero que as atuações poderiam concorrer em premiações teatrais. A mente humana prega peças e engendra dramas e espetáculos verdadeiramente surpreendentes.

Ninguém é de ninguém. Que pais e filhos descubram o sabor de viver em harmonia sem se fundirem emocionalmente. Ninguém precisa deixar de viver emoções e sentimentos próprios e saudáveis, anulando-se perante o outro. Os filhos precisam prosseguir a caminhada e experimentar viver em plenitude, tanto sua infância e adolescência como os percalços da vida adulta. Os pais igualmente necessitam seguir adiante e aprender a amar sem possuir nem fundir-se aos seres amados. Cada um delimite e preserve sua personalidade, sua privacidade e sua existência, compartilhando todos os passos com os parceiros de jornada.

Não é bom concordar com os filhos ou com os pais sem uma avaliação prévia. Dizer *não* na hora certa, experimentar um programa com os amigos sem a presença dos familiares, ou ainda construir relações sociais e afetivas saudáveis – tudo isso representa elemento dinamizador da felicidade. Não se constrói satisfação duradoura baseada em emoções alheias, mesmo que sejam as emoções dos filhos. Quando crescem, voam como andorinhas, pois necessitam de seu próprio espaço para alcançarem a liberdade de expressão e a felicidade pessoal.

A fusão emocional de pais e filhos é extremamente daninha e representa grande ameaça para a liberdade e a felicidade de cada um. Que ambos persigam o ideal de uma relação de parceria, com o devido respeito para com as experiências, aspirações e preferências de cada um.

Família:
um caso sério em que pensar

A FAMÍLIA É UMA CÉLULA; sendo assim, pode encontrar-se saudável ou enferma. A reunião de almas afins faz com que seja criado um ambiente propício para o seu crescimento e a solução de casos pendentes do passado espiritual. Contudo, é bom compreender que as afinidades nem sempre se formam em torno de situações ou tendências consideradas boas. Afinidade é sintonia. E, particularmente na questão familiar, é possível sintonizar com as virtudes, os vícios ou a necessidade de reequilíbrio dos envolvidos.

Não podemos alimentar a ilusão de que a família é um elemento simples, que se submete aos nossos anseios. Ao contrário, o ambiente doméstico e familiar é um organismo complexo, que exige compreensão ampla de seus mecanismos de funcionamento.

Sob regime familiar, regularmente se reúnem almas duramente comprometidas umas com as outras, e com as mais variadas tendências e viciações. São portadoras, no entanto, da mesma necessidade – reeducação – e, no internato familiar, encontrarão campo propício para reavaliar atitudes e refazer emoções. É ainda no clima de tensão emocional da família que espíritos que assumiram sérios compromissos em favor de seu restabelecimento terão ampla possibilidade de reajuste perante as leis da vida. Todos temos e estamos com a família ideal e da qual carecemos. Ninguém nasce no lugar errado, nem junto às pessoas erradas.

A convivência familiar exige o desenvolvimento da paciência para com os limites alheios; a doçura e a delicadeza nas relações entre irmãos; a renúncia, para que o convívio se torne harmonioso, e diversas virtudes necessárias para a existência de uma comunidade que produza satisfação em todos os seus integrantes.

Com efeito, demora-se muito para descobrir que a felicidade familiar só pode ser obtida mediante a participação de cada um de seus membros. Perde-se tempo precioso com brigas, discussões infrutíferas e intermináveis; procura-se fugir das responsabilidades através da troca de acusações, que pretendem apontar culpados para as dificuldades e os atritos que fatalmente aparecem.

Quando os familiares amadurecem, percebem que a comunidade doméstica é sobretudo uma parceria, isto é, uma instituição que tem sua sobrevivência atrelada à parceria estabelecida entre seus membros. A existência de uma equipe familiar pressupõe a contribuição de todos, e não somente de um ou outro integrante. Contudo, para que essa realidade se concretize, é preciso educar desde cedo ou reeducar a partir do ponto em que cada um se encontra: é essencial o empenho do todo e das partes que o compõem.

O diálogo é indispensável para se estabelecerem a paz e a convivência tranquila. Em torno da conversa transparente, os indivíduos se reúnem como uma equipe ou parceiros que aprendem a se conhecer e se respeitar mutuamente. Muito embora não haja concordância integral com os pensamentos e as atitudes do outro – nem é isso que se deseja –, a transparência nas emoções e nos pensamentos faz com que exista maior respeito.

Família é um organismo em evolução, e não um paraíso de ilusão.

Vivendo a vida com alegria:
que tal aprender a celebrar a vida?

TANTO AS GRANDES como as pequenas coisas são dignas de ser comemoradas e celebradas. Que tal aprender a ser grato à vida e celebrar com os amigos as coisas boas que ocorrem com você e em torno de você?

Quando falo em celebração, não me refiro apenas a reuniões festivas, regadas a cerveja ou outra bebida qualquer. Celebração, no sentido que pretendo abordar, está muito além de eventos sociais – é, antes, uma disposição íntima. Comemorar algo, um marco na vida, ou celebrar, representa muito mais um sentimento de gratidão e louvor às forças soberanas da vida. É o momento de tornar público aquele fato ou atitude que gerou satisfação e felicidade; é a hora de compartilhar com os amigos e familiares as coisas boas ocorridas.

Cada acontecimento é marcado por certo tipo de emoção, que faz com que possamos nos sentir especiais. Certos momentos parecem cheios de maior energia e, por isso mesmo, são tão marcantes em nossa trajetória. Merecem ser comemorados, precisam ser lembrados e narrados com o coração. Quando compartilhamos momentos significativos com aqueles que amamos e elevamos um hino de gratidão e louvor àquele que administra nossos destinos, fazemos com que a semente de felicidade que brotou possa prosperar e se perpetuar.

"A gratidão é a memória do coração" – diz um sábio. Ser grato é uma forma de perpetuar a felicidade e atrair para si forças e energias sintonizadas com a vitória, a saúde e a alegria. É apenas um momento, mas a celebração é tão importante que é como se congelássemos o tempo e mantivéssemos a felicidade inalterada e perpétua.

A alegria deve fazer parte constante da vida. As pessoas sisudas, ranzinzas e com baixa autoestima costumam ver apenas o lado sombrio, triste e pecaminoso na maioria das ocorrências. Quando comemoramos as coisas boas ou celebramos os bons momentos, espantamos as sombras do pessimismo. O sorriso espontâneo, a descontração, a apreciação das belas coisas e do lado perfumado da existência são hábitos que não só despertam a gratidão, como também são poderosos antídotos contra as enfermidades da alma.

Indivíduos alegres e satisfeitos podem demonstrar sua felicidade através da gratidão; têm a chance, também, de oferecer à própria vida uma contrapartida pelas bênçãos e oportunidades alcançadas. Quando algo de bom nos sucede podemos proporcionar a outros uma oportunidade semelhante. Já que não somos os donos do mundo nem das coisas, a gratidão pode ser entendida como a partilha daquilo que a vida nos emprestou, que devolvemos com satisfação ao cosmos.

O louvor e a celebração da vida representam nosso acatamento, ou melhor, nossa reverência às leis soberanas que regem o mundo e o nosso destino. Ao reconhecer a sabedoria cósmica, desfrutamos de uma sensação de paz indescritível, pois não digladiamos mais com as forças da vida – simplesmente, usufruímos a existência. Além do mais, celebrar é uma forma de semear alegria, pois inspiramos parentes e amigos a buscar as realizações nobres, que são a verdadeira origem do contentamento presente em nossa alma.

Portanto, alegre-se, abandone-se nos braços da vida e deixe fluir de você a energia do coração que se manifesta no mundo em forma de gratidão. Agradeça seu dia, seu alimento e seu trabalho, lembrando-se daquilo que afirmou Paulo de Tarso, em uma de suas epístolas: "Em tudo dai graças".[7]

[7] 1Ts 5:18.

Transforme sua vida:
não se prenda a tabus e preconceitos

OS PRECONCEITOS E TABUS que o ser humano desenvolve fazem com que, sem se dar conta, ele se torne presa de si mesmo. Como consequência, surgem as proibições e os diversos impedimentos de ordem social e emocional. Impostos pela própria consciência culpada ou por certos indivíduos e comunidades, todos são causados pela ignorância.

Ninguém é dono da verdade; a opinião de alguém, ainda que compartilhada pelo grupo, não estabelece leis para quem quer que seja. Embora todos possam elaborar seu julgamento sobre este ou aquele aspecto da vida, transformar sua perspectiva ou seu ponto de vista em modelo a ser seguido, em padrão de comportamento, é sinônimo de ignorância.

Por que se prender a tabus, preconceitos e proibições? Essa pergunta merece ser analisada mais profundamente por aqueles que desejam a libertação da consciência.

Examinemos o preconceito. Seja no âmbito social, religioso ou racial, ele reproduz a discriminação, o sistema de castas e o sectarismo. O indivíduo preconceituoso é alguém que necessita de cuidados, pois tem o olhar viciado e só consegue ver a vida em preto e branco. Existem apenas o lado e a perspectiva que ele tem sobre os fatos, que aponta como a correta. O ponto de vista do outro não tem importância. Afirmo com convicção: quem nutre preconceitos é enfermo da alma e necessita das experiências dolorosas do mundo para a correção de sua rota.

Outro aspecto que reclama atenção é o das proibições sistemáticas e dos tabus. Geralmente, a veemência com que se impõe determinada proibição está ligada ao desejo de evitar a experiência, o desenvolvimento e o esclarecimento dos envolvidos. Aspira-se ao domínio através da manutenção da ignorância ou da dependência. Surgem os dogmas, as restrições inflexíveis e os tabus, fantasmas que andam de mãos dadas com o preconceito. Em pleno século XXI, não se concebe que quem pretende se esclarecer ainda esteja vinculado a tais muletas da ignorância. Torna-se difícil usufruir da paz, da alegria e da felicidade quando o indivíduo se mantém atrelado a esses resquícios do passado.

Tudo está se transformando a sua volta. E não são apenas transformações virtuais: são reais, muito reais. A globalização, a derrubada de barreiras entre os povos e a crescente circulação de informações devem fazê--lo pensar se você não está parado no tempo. Para desfrutar da satisfação decorrente do progresso é preciso que você se atualize e se libere de proibições e preconceitos desnecessários e ultrapassados.

Um hino de louvor à vida deve ser entoado e compreendido, pois, somente no planeta Terra, há milhares de seres que convivem entre si e sabem respeitar suas diferenças. Acorde para essa realidade! Existe *unidade* na criação, apesar da *diversidade*.

Ao observar o mundo, nota-se com facilidade: o homem que não se atualiza é nota dissonante na natureza. É preciso expandir a mente e aprender a pensar de forma mais ampla – mentalidades estreitas e retrógradas não permitem que se viva plenamente a felicidade. A libertação dos tabus e dos preconceitos, assim como a renovação das fontes internas da alma, constituem necessidade urgente para que você aprenda a viver mais feliz e aceite a felicidade do próximo.

Conceitos de vida:
é preciso revê-los com urgência

UM NOVO MUNDO, uma nova era pedem mudança inadiável de conceitos. Não se vive num mundo novo ou num novo século com conceitos arcaicos e ultrapassados. Vejamos, a seguir, alguns conceitos caducos.

Ser homem significava, há alguns anos, abuso da força física, dos gritos e das atitudes violentas; estava associado a machismo, arrotos e maneiras grosseiras, sem mencionar o comportamento sexual inconfundível e quase animalesco. Hoje, compreende-se melhor que ser homem é diferente de ser macho – animais também são machos e nem por isso estão próximos de se tornarem humanos. O conceito de masculinidade passa por profundas reflexões e transformações na atualidade.

A mulher também carece de definições novas para se localizar no tempo e no espaço. Embora a função insubstituível da maternidade, desde há muito a mulher deixou de ser piloto de fogão ou escrava do lar. A mulher de hoje é participativa, interativa, e sua palavra e opinião estão em pé de igualdade com as do homem moderno.

Caridade é outro conceito que passa por reformulações. Não estamos mais no tempo de fazer o bem sem olhar a quem. O homem, religioso ou não, é responsável até pelo que doa, quando doa. É preciso meditar e saber bem o que realizar, como realizar e a quem fazer o que quer que seja, a fim de que os resultados não se percam em meio a atitudes assistencialistas e imaturas. Nem sempre fazer caridade é dizer *sim*.

Espiritualidade também é algo que requer nova definição. Para alguns, é sinônimo de religiosidade; porém, deve-se refletir mais detidamente sobre isso. Ser espiritualizado não implica necessariamente envolver-se com religiões ou rituais. Espiritualizar-se é viver o Deus interno onde estiver, como estiver e com quem estiver.

E listamos apenas alguns dos tópicos que têm sido revistos e atualizados pelo progresso humano. Imagine então aqueles conceitos e "pré-conceitos" que nem ventilamos, mas que, ainda assim, sobrevivem dentro de você e de mim. Creio que, se pensar detidamente, você encontrará muitos pensamentos e definições que construiu com o tempo, mas que pedem revisão emergencial.

Por exemplo, recordo-me do velho ditado que afirma ser preciso aproveitar a vida enquanto se é jovem, porque depois... Pergunto: Até quando você viverá? Sabe em que momento o relógio do tempo haverá de bater pela última vez para você? Conceitos como esse merecem ou não ser reavaliados?

Um sábio já dizia que sem mudança de conceitos é impossível modificar atitudes. Pense nisso um pouco e, depois, comece a viver prazerosamente e com mais emoção.

;Masculino e feminino:
união sem fusão

HÁ UM BOM NÚMERO de indivíduos que adotam uma forma toda especial e peculiar de agir, ver a vida e vivenciar experiências saudáveis. São alegres, amigos, participativos e envolventes. Todavia, ao depararem com o que consideram sua *alma gêmea* e se enamorarem dela, modificam o comportamento de maneira sensível. A partir de então, tem-se a impressão de que as duas personalidades se fundiram, e, como consequência, perderam a individualidade. Rapidamente se afastam do círculo de amigos e não mais se envolvem com qualquer coisa sem que o parceiro das emoções esteja necessariamente associado.

Tal atitude é bastante comum no comportamento humano. Mas, pelo amor de Deus, é necessário fundir-se ao outro? Será que não é possível permanecer amando sem abandonar quem você é?

Em geral, indivíduos assim, após se entregarem à fusão intensa de personalidades, passam por um período de esfriamento das emoções. Quando o relacionamento passa, chegam à conclusão de que perderam tempo, experiências e amigos; todos, elementos bastante preciosos. Percebem que não havia necessidade de mergulhar de tal forma no universo alheio, abandonando a vida que levavam até então. Mas, ao caírem em si, dão--se conta de que já é tarde – agora, o trabalho é reconquistar os tesouros perdidos.

Seres que se gostam não têm necessidade de se fundirem um ao outro. Cada qual pode e deve continuar com seus amigos, suas preferências e seu lazer, sem com isso abdicar das coisas boas experimentadas em conjunto.

Meu Deus, como somos imaturos para o amor! Como somos despreparados para a vida a dois!

Durante o período de envolvimento ou de romance, podam-se gostos e amizades. Abdica-se da frequência àquele local agradável ou daquele lazer costumeiro, tão apreciados, e os parceiros passam a se comportar como fantasmas um do outro. São perseguidos por uma espécie de cobrança de exclusividade, estabelecida por eles mesmos. Nasce o desejo de que o outro lhe dedique totalmente as emoções e os sentimentos, como um monopólio. Não tardam as decepções e a descoberta da insatisfação.

Antes considerado como um relacionamento entre almas gêmeas, este acaba por se transformar em um belo par de algemas, que mantém prisioneiros a mente e o coração de ambos. Quando passam as expressões do emocional, que se encontrava sem o devido tempero da razão, as duas partes encontram-se perdidas, enfrentando sérias dificuldades em fazer novos amigos ou mesmo reconquistar os antigos.

Masculino e feminino são manifestações do ser imortal e, embora ambos os aspectos devam estar unidos em diversas situações da vida, não devem estar fundidos. Fusão de emoções e gostos não constitui amor; é sinônimo de dominação e fragilidade, de desequilíbrio emocional e posse, nada mais. Tenha cautela e fique atento à ânsia de fugir de si mesmo e dos próprios desafios íntimos, que estão na gênese de processos assim. Na primeira oportunidade, o ser atira-se de corpo e alma em direção ao mundo do outro, em busca da ilusão. É como se viver a realidade alheia pudesse isentar alguém das lutas que são individuais.

Pessoas que se amam ou que se unem por uma afinidade qualquer podem permanecer desfrutando daquilo de que lhes dá satisfação. Devem ter seus momentos particulares, em que seja possível vivenciar os próprios gostos, extravasar sentimentos e fantasias sem a presença física do parceiro de suas emoções. Todos precisamos, num momento ou noutro, de ter um tempo só para nós, um espaço próprio para nos movimentarmos e uma ocasião em que nos encontremos com nós mesmos. *União sem fusão* é uma ideia que precisa ser compreendida em caráter de urgência, antes que surjam a insatisfação e o tédio e que ocorra o abandono.

Repetidas vezes se diz: *Eu te amo*. Banaliza-se tanto o amor que ele é confundido com posse, sexo, sensações e emoções passionais. Aprenda a amar de verdade, sem querer possuir, dominar ou controlar a vida de seu companheiro. Dê um tempo para que você e o outro possam respirar. A presença incessante de alguém perto de nós sufoca-nos, tira-nos o ar e suga-nos as energias e a vitalidade. A fusão aos poucos se traduz em esgotamento das forças da alma. Dê imediatamente um basta nesse método de vampirização de quem você ama ou diz amar.

Ame, enfim, mas libere o outro e também liberte-se da dependência do outro, seja ela emocional, sexual ou mental. Entretanto, ao incentivá-lo a manter sua privacidade e individualidade, bem como a buscar sua independência sexual e afetiva, não me refiro à promiscuidade nem à libertinagem. Amar verdadeiramente é uma forma de alcançar a qualidade de vida que todos almejamos.

Pare, portanto, meu filho, com essa de querer ser o melhor para o outro, o único escolhido por ele para sua felicidade, e não pretenda ser o mais bacana e a mais simpática das criaturas. Desista de controlar as emoções alheias e aprenda a viver de forma emocionalmente saudável. Viva com qualidade e compartilhe a felicidade com alguém; todavia, não baseie sua satisfação nas emoções alheias nem procure fazer com que seus sentimentos sejam a base da felicidade do outro. Seja livre! Do contrário, você pode se decepcionar logo na próxima curva da vida.

Valorizando a vida e o amor:
sempre é tempo de recomeçar

COMO TEM GENTE que joga fora a felicidade e destrói os corações que diz amar! Pode ser que você tenha a impressão de que tem empregado um tempo longo demais na construção da felicidade e na busca do parceiro ideal para sua vida. Assim, talvez esteja a se perguntar quando conquistará uma relação estável, saudável e promissora. Não obstante, diante de um olhar sensual, da promessa de uma noite de prazer, é capaz de jogar pela janela tudo aquilo que conquistou e construiu ao longo de meses e anos de relacionamento.

E há quem diga que a culpa foi da tentação, do espírito obsessor ou apresente outro pretexto qualquer para justificar essa situação. Deus meu, por que procurar culpados ou elaborar justificativas? Cada ato acarreta, sim, consequências, cuja responsabilidade repousa exclusivamente sobre os ombros de quem escolhe, do agente e autor das ações.

Você gosta da novidade, encontra o prazer fácil e não pensa naquele que diz amar. Que significa semelhante comportamento, afinal? É falta de valorizar mais o outro e as oportunidades que a vida lhe oferece para ser feliz. Muitos de meus filhos gostam de viver encantados pela aparência e pelas novidades; só isso.

O amadurecimento da alma que deseja desfrutar da felicidade requer enorme investimento de tempo, sim, mas sempre é momento de recomeçar. O bonde da vida passa neste instante, enquanto conversamos, e a próxima estação é a do amor.

Se você porventura teve a infelicidade de não dar o devido valor àquele que ama, que tal verbalizar essa sensação que pesa sobre você, relatando-a àquele a quem você vê como seu parceiro verdadeiro e duradouro? Ainda há tempo de reconhecer a dignidade daquele que mereceu suas melhores horas e energias, bem como de propor maior aproximação e mais empenho em construir a felicidade a dois. Clareza e transparência nas emoções, nos atos e atitudes constituem um santo remédio para a reconquista do amor e da satisfação mútua. É um percurso árduo, que exige coragem, determinação e firmeza, a fim de valorizar a nova oportunidade de ser feliz; demanda sensibilidade para perceber o outro e investir nos sentimentos pelos quais nos tornamos responsáveis. Sem dúvida, porém, vale a pena tentar.

A simples possibilidade de amadurecimento e fortalecimento dos laços que unem os corações, a oportunidade de exercitar o perdão e a humildade para consigo e o parceiro são todos elementos-chave no crescimento do ser humano.

Além disso, você tem a oportunidade de avaliar de que forma tem agido com relação aos recursos que a vida lhe tem oferecido: será que você tem apresentado a mesma atitude, considerando-os descartáveis? Muitos pedem tesouros aos céus; todavia, quando algo lhes é dado em acréscimo, não sabem conservar, preservar nem multiplicar os dons ou bens confiados.[8]

É hora de aprender a valorizar a vida e as experiências. Os obstáculos no relacionamento afetivo, bem como a escassez de recursos naturais ou econômicos, o racionamento de energia elétrica ou de qualquer outro bem representam oportunidades singulares para que você reflita sobre como tem se portado diante do que tem a seu dispor.

---

[8] Cf. as parábolas dos talentos (Mt 25:14-30) e das dez minas (Lc 19:11-27).

Seja você simples ou chique,
jamais perca a elegância

ELEGÂNCIA nunca é demais.

Pouco antes de abandonar o antigo corpo físico, chamei meu filho e lhe pedi:

– Quando for enterrar meu corpo, quero que mande fazer maquiagem e que seja usado o melhor batom que houver. Nada de velas, choro ou lamentação. Quero que o corpo seja sepultado com sapato de salto alto, viu?

– Mãe, mas você nem estará mais ali, habitando o corpo. E nunca usou essas coisas durante toda a vida...

Insisti:

– Meu filho, veja bem. Imagine que pode aparecer alguém que não gosta de mim (e, cá entre nós, sempre aparece), que tenha ido ao velório apenas para se certificar de que estou 100% morta. Entenda que essa pessoa não gosta mesmo de sua mãe. Será forçada a se dobrar, ainda que seja pelo batom ou o salto alto! Dirá então: "Nunca gostei desta mulher", ou mesmo: "Ela não prestava para nada, mas olhe o batom, o vestido e o sapato... Ao menos a danada tinha bom gosto".

Falo desse episódio com o intuito de dizer que jamais se deve descer do salto ou perder a elegância – mesmo depois de morto. Tem gente por aí que se arrasta pelo mundo. Não vive, não anda – apenas se arrasta. Outros se envaidecem por ter dinheiro, bens, o carro tão cobiçado ou mesmo *status* social. Não possuem, contudo, elegância.

Talvez você me diga: "Ah! Everilda, sou

pobre de marré, marré, marré! Esse negócio de elegância não é para mim". E eu repito: ainda assim, seja elegante; seja um pobre elegante. Tome a palavra *pobre* e troque a primeira letra por "n" – seja nobre, elegante, charmoso.

Se você tem de viver no mundo e ainda acha que o planeta está cheio de desigualdades, provas atrozes e sofrimentos mil, que viva assim mesmo – mas sofra com elegância. Viva as experiências do mundo, mas não desça do salto; passe pelas provas que lhe competem sem, contudo, deixar de manter erguida a cabeça. Por favor, viva como irmão ou irmã de Jesus, o embaixador das estrelas, e assuma a dignidade que esse posto lhe impõe. Charme e elegância nunca são demais.

Você faz aquele tipo pessimista? Julga que, ao abandonar a vida, irá direto para o purgatório, o inferno ou o umbral? Que tal comprar desde já sua passagem de primeira classe e, ao chegar lá, pisar a passarela arrasando, de tanta elegância? É isso mesmo! Vamos procurar enfeitar o mundo com nosso sorriso, nosso charme e nosso toque pessoal de elegância. Nada de baixar a cabeça e formar o coro dos desesperados ou o bloco dos desajeitados. É preciso um toque de classe em cada um, em torno de si e nas situações que você vive.

E, ainda, caso você esteja procurando a morte sem acreditar na vida, no belo e no bem, por favor: erga esta cabeça e morra com elegância. Desse modo, ao abandonar o corpo físico, você já terá ajudado o mundo, dando seu toque pessoal de nobreza.

Descer do salto? Jamais. Somos irmãos de Jesus e devemos caminhar no mundo, ajudando o mundo, sem nos esquecer de que somos filhos das estrelas.

Meu filho também é um espírito:
educação e liberdade

VOCÊ JÁ IMAGINOU que seu filho é um espírito? Já parou para pensar que você também é um espírito? Acaso sabe que você não é dona de seu filho e que ele é um ser livre, com vontade própria e um destino já traçado, tendo por base a necessidade dele, e não a sua?

Portanto, mulher, aprenda que ser mãe não é ser dona da verdade e que incorporar o papel de educadora no lar não significa impor a sua vontade aos filhos que Deus lhe confiou. Eles são espíritos criados por Deus para serem livres e devem procurar sua própria felicidade conforme as aspirações que trazem dentro de si próprios.

Uma educação imposta, castradora ou repressora não faz homens vitoriosos ou felizes. Produz, sim, indivíduos frustrados, como você mesma às vezes se sente. Muitos pais querem que os filhos sejam aquilo que eles mesmos não conseguiram ser. Consideram-se infelizes ou sentem-se indignados com a própria vida devido aos próprios limites. Quando vêm os filhos, intentam impor sobre eles uma carga de compromissos que eles, como pais, nunca conseguiram carregar – os filhos são induzidos a pisar sobre as pegadas apagadas dos próprios pais.

Entenda, homem, que você recebeu uma outorga de Deus para exercer a função de educador. E educar, meu filho, não é impor nem forçar os filhos a ser aquilo que você quer. O papel da educação é despertar o potencial latente e conduzir, orientar para que o outro, que é espírito e filho do seu coração, prossiga em busca da própria felicidade. Não faça doutrinação com os filhos que Deus lhe concedeu. Eles precisam de exemplo, de referencial e de uma condução suave, porém firme, a fim de que caminhem com os próprios pés. Você jamais se realizará através de seus filhos. Eles têm o próprio caminho, e você, o seu.

Portanto, minha filha, meu filho, não percam mais seu tempo tentando impor-se a eles. Aprendam a ser mãe ou pai, educadora ou educador com a naturalidade necessária. Deus precisa de parceiros na tarefa de condução de seus filhos, e não de terroristas do lar ou de carrascos disfarçados de pais.

E aproveite: você sempre pode transformar a revolta que despertou em seus filhos. Que tal dialogar e descobrir aquilo de que eles gostam, seus anseios e sonhos? Ainda é tempo de aprender a ser mãe ou ser pai. Vale a pena tentar.

Os dois lados do espelho

Robson Pinheiro

PARTE II

O Espírito

PARTE II

Sumário PARTE II

Everilda Batista: o espírito, a serva do Senhor VI
por LEONARDO MÖLLER, EDITOR

Família espiritual: *cada um tem seu papel* 19

Sensibilidade e serviço: *a hora é agora* 24

Abertos para balanço: *avaliando a caminhada* 29

Apaixonar-se pelo trabalho: *amar é deixar-se envolver* 35

A casa espírita: *um templo da vida* 39

Persistência: *chave para o sucesso* 43

Coragem: *é preciso trabalhar* 46

Trabalho com dedicação: *a importância da equipe* 52

Deserção: *o recurso dos covardes* 58

A você, com o amor de mãe 62

Chega de teoria: *é hora de amar de verdade* 67

Pedras no caminho: *é preciso prosseguir* 71

Mãe e filho: *unidos em nome do amor* 76

O passado e o futuro: *momento de transição* 80

Simplicidade: *o jeito de Jesus* 83

Como se instaura o desequilíbrio íntimo:
um alerta aos trabalhadores da última hora 86

Diante das lágrimas: *a solução é amar mais* 89

Referências bibliográficas 94

Everilda Batista: o espírito, a serva do Senhor

por LEONARDO MÖLLER, EDITOR

"Não se canse de amar,
não se canse de servir."
– *Everilda Batista*

NO SEGUNDO LADO DO ESPELHO, apresento a você o espírito Everilda Batista.

Digo o *espírito* porque, a partir de agora, você entra em contato com um dos mentores da instituição fundada por seu filho, o médium Robson Pinheiro. Na realidade, o papel de Everilda não é tão somente o de orientadora espiritual: na verdade, ela inspira o modo como são realizadas as atividades da Sociedade Espírita Everilda Batista. Não apenas dá nome à Casa, mas deixa sua marca tanto na forma da construção física – que não quer perder a semelhança com uma residência de cidade do interior – quanto no jeito de receber quem visita a instituição: "Sejam a alegria e a simplicidade de coração as características das quais vocês jamais possam abrir mão", disse ela, em dado momento.

VIDA DE INTERIOR

Everilda Batista foi a grande responsável por conduzir Robson Pinheiro desde a infância, não só na tarefa de educação que se espera de qualquer mãe dedicada, e que forjou o caráter de seu filho, mas também nos primeiros passos pelas estradas da mediunidade.

Sensível desde criança à presença e à percepção dos espíritos, Robson não os distinguia dos encarnados com facilidade. Recorda-se, por exemplo, de seu grande amigo de infância, Zezinho. Bem mais tarde, deu-se conta de que era um espírito – que, hoje, se apresenta como José Ribeiro Fonseca, colaborador espiritual da instituição, que permanece mostrando-se como um menino, para sensibilizar os voluntários e lembrá-los do compromisso com os jovens e as crianças.

Diante de cenas inusitadas que presenciou, a mãe Everilda soube compreender o que sucedia com seu filho. Nas ocasiões em que ele demonstrava o estranhamento natural, oriundo das percepções não compartilhadas por irmãos ou colegas, ou ainda ante as indagações que o filho lhe apresentava, na atitude típica da juventude, ela sabia acenar com a cabeça, como quem diz: "Estou aqui". Não confirmava nem negava o que o filho percebia, apesar de ela própria ser portadora de ampla clarividência. Dessa maneira, deixava-o livre para empreender suas incursões pela dimensão extrafísica. Explicava apenas o estritamente necessário e, diante de qualquer perigo, recorria aos conselhos ou às dicas, prevenindo-o de modo bastante sutil.

Durante a adolescência do filho, ao percebê-lo consideravelmente atraído pelo ambiente evangélico, envolvido cada vez mais com as atividades da igreja, também soube agir com respeito e discrição. Nos momentos de mais humor, debochava:

– Ainda vou ver você sentado num toco, meu filho, de cachimbo na boca, incorporado com um preto-velho!

O filho, assustado, respondia sério:

– Sangue de Jesus tem poder, mãe! Sou batizado e lavado no sangue de Jesus!

À moda simples da mulher de interior, que não sabia ler nem escrever, desconhecendo as obras espíritas, registrava a intuição de mãe: sem se enganar, dizia ao filho que aquele não era o seu lugar. E não era mesmo.

Muito mais tarde, quando Robson contava 17 ou 18 anos de idade, os espíritos o assumiriam no interior da igreja evangélica. Era o dia chave, em que sua primeira pregação seria apreciada por representantes de diversas congregações – submetia-se ao exame que lhe permitiria ingressar em uma escola de formação de pregadores. Após discorrer durante duas horas sobre um versículo indicado na hora, tendo por base exegese e hermenêutica bíblicas, o futuro do aspirante a pastor seria definido.

Porém, o ministério que lhe estava reservado pelos espíritos era, definitivamente, e de acordo com a previsão de sua mãe, bastante distinto daquele que almejava. Fora prontamente expulso da igreja.[1]

DE MÃE A MENTORA

Poucos meses transcorridos do desenlace de Everilda Batista, que viria a ocorrer em outubro de 1988, lá estava Robson Pinheiro no Grupo Espírita da Prece, na cidade mineira de Uberaba, esperando notícias de sua mãe através das mãos do grande médium Chico Xavier. As saudades oprimiam-lhe o peito – apesar de dedicar-se, a essa altura, já há cerca de 10 anos, ao exercício da mediunidade.

Como centenas e centenas de pessoas

---

[1] Cf. PINHEIRO, Robson. *Os espíritos em minha vida*. Contagem: Casa dos Espíritos, 2008. p. 186-198.

presentes àquela reunião, gostaria de ouvir palavras, ainda que breves, da mãe. Ninguém fora capaz de preencher o vazio que sentia desde sua partida para a pátria espiritual. Era sua grande amiga, companheira, confidente; só ela conhecia-lhe tão profundamente os desejos, temores e pensamentos, somente seu colo era aconchegante o suficiente para fazê-lo se esquecer dos embates e agruras da vida cotidiana.

"De Everilda Batista para seu filho, Robson Pinheiro" – era por volta de meia-noite quando as palavras tão aguardadas saíram da boca de Francisco Cândido Xavier, fazendo estremecer as pernas do filho saudoso, que já cruzava os umbrais da porta para ganhar a rua, cansado que estava de esperar pela mensagem.

A carta, relativamente longa e reproduzida em parte no livro *Sob a luz do luar,*[2] falava de uma "casa do caminho", onde a mãe,

---

[2] PINHEIRO, Robson. Pelo espírito Everilda Batista. *Sob a luz do luar.* Contagem: Casa dos Espíritos, 2009. p. 61-62.

desperta na vida espiritual, pudesse dar sequência ao trabalho de assistência àqueles cujo sofrimento castigava, conforme fez até seu desencarne. Everilda Batista fora, assim, a primeira porta-voz da instrução dos espíritos quanto à abertura de uma nova frente de trabalho, orientação que se repetiria ao longo de determinado período através de diversos médiuns, estranhos entre si.

Robson Pinheiro participava ativamente do movimento espírita desde 1979, logo após o *escândalo* ocorrido na igreja protestante, quando os espíritos o assumiram e falaram através dele. Havia se mudado para Ipatinga, MG, no Vale do Aço, e mais tarde para a capital do estado, Belo Horizonte. Teve oportunidade de contribuir para a fundação de alguns núcleos espíritas, mas os orientadores espirituais insistiam na inauguração de um novo espaço.

Em determinado ponto tornou-se muito claro que Everilda Batista era a mensageira de Alex Zarthú e Joseph Gleber, espíritos que Robson divisava durante toda a infância, mas que só lhe dirigiram a palavra no dia da fatídica pregação. Àquela altura dos acontecimentos, Robson já os conhecia como seus mentores, uma vez que eles o acompanhavam sem cessar desde a proposição do trabalho mediúnico, que ocorrera após a expulsão da igreja.

CASA DE EVERILDA

O calendário marcava 22 de novembro de 1992: inaugurava-se a Sociedade Espírita Everilda Batista, em homenagem à mãe, mulher, orientadora e mensageira. Dos fundadores, somente Robson havia sugerido outro nome para a instituição; de qualquer modo, o de uma mãe: Maria de Nazaré. A decisão refletiu o desejo da maioria, entretanto.

Everilda Batista traz à Casa que leva seu nome a inspiração peculiar de ser ao mesmo tempo mulher e mentora, mãe e espírito. Como orientadora dos trabalhos ou como *Dona Everilda*, como ainda é lembrada, sua figura tem o dom de aproximar a imagem dos espíritos superiores do cotidiano de seus *filhos.* Ao nos relacionarmos com um espírito que desenvolveu a força do amor e que, ao mesmo tempo, é também a mãezona de outras épocas, podemos identificar a real dimensão em que se localizam os espíritos redimidos – bem perto de nós, feito irmãos mais velhos, companheiros de caminhada. Nada de santos, almas intocáveis, senhores de nome impronunciável. Nada de pedestal nem conceitos de angelitude, mas muita lembrança afetuosa da mulher que, como todos nós, tropeçou, errou e caiu, mas aprendeu a grande lição que buscamos: o poder do mandamento "Amai-vos uns aos outros, como eu vos amei".

Nos textos a seguir, você vai conhecer a face mentora da mãe espiritual Everilda Batista – ou, como ela prefere assinar, a serva do Senhor. Diversas mensagens, cuja tônica é o trabalho espírita, são dirigidas ao próprio filho, Robson Pinheiro, ao qual ela chama *filhão*. Ademais, trazem orientações, admoestações, alertas e conselhos que se aplicam a todos nós e que sabem tocar fundo na alma, lembrando-nos da necessidade de autorrealização e do compromisso com aquele que, na Terra, dirige os nossos destinos: Jesus Cristo.

Família espiritual:
cada um tem seu papel

OS TRABALHADORES REUNIDOS em uma casa espírita se assemelham a uma grande família, que é ampliada sempre mais, a cada vez que se aconchegam corações aos nossos.

Como em toda família, temos as nossas alegrias e dificuldades, as nossas lutas e vitórias. Assim como na família consanguínea se reúnem espíritos comprometidos entre si, também na família espiritual. Aqui se reúnem aqueles que mais necessitam de correção, educação e tratamento espiritual.

De um lado, aqueles que trabalham, que orientam, que servem de referência a todos – o que não significa que deixem de errar. Representam tão somente o cérebro, através do qual se tornam perceptíveis os pensamentos daqueles que, do plano da imortalidade, orientam a família espiritual. No outro extremo, e sob outro aspecto, reúnem-se aqueles que também trabalham, mas que constituem os convidados especiais de Jesus. Trabalham, mas também amam, odeiam, são amigos ou inimigos íntimos; reclamam maior amparo e assistência, em caráter mais ou menos permanente. Por isso, aqueles que servem de referência no trabalho devem ficar atentos tanto para a necessidade de amparar e acolher, assim como para a hora de ser firme, de estabelecer limites e tomar decisões.

As tarefas estariam comprometidas caso entregássemos os trabalhos nas mãos daqueles que se dizem melhores, que se consideram mais espiritualizados ou que se envolvem na onda de misticismo enganador.

Cada qual deve conscientizar-se de seu papel. Disse o apóstolo Paulo: "Se o pé disser: Porque não sou mão, não sou do corpo; não será por isso do corpo?".[3] Cada qual tem sua função a desempenhar. Cada um deve cumprir a tarefa que lhe cabe, procurando o máximo de satisfação possível, sem prejuízo para a comunidade.

Aos olhos destina-se a visão da vida, e portanto lhes é necessário maior claridade: são eles que se expõem de forma a constituir os canais do corpo com o mundo. Aos ouvidos determinou-se a função de ouvir, à boca, de falar, e às mãos, de agir. É impossível que as mãos vejam ou que os pés ouçam. Nenhum é melhor do que o outro; todavia, cada qual tem o seu papel a cumprir no grande organismo físico, e cada indivíduo, sua tarefa a realizar na organização do trabalho espiritual.

Cada um dos que foram chamados por Jesus foi colocado no lugar certo, a fim de

[3] 1Co 12:15.

dar a sua contribuição para a realização da obra. Ao cérebro, a tarefa de transmitir o pensamento do espírito, e à boca, a flexibilidade para expressar as ideias. Às mãos, a atividade de manipulação daquilo que foi programado.

Observamos com frequência, no entanto, que pés, mãos, ouvidos ou boca acham-se descontentes com sua missão, cada qual invejoso dos outros ou a cobiçar tarefas para as quais não foi convocado, perdendo assim a divina oportunidade de realizar bem o trabalho que lhe compete. É necessário reciclar nossas emoções e sentimentos, rever ideias e atitudes. Avaliar com boa vontade a quem foi dada certa tarefa na grande causa que abraçamos, sem pretender ser aquilo que nem Deus nos concedeu.

Cuidado, meus filhos. Um pensamento vago, uma breve intuição ou a facilidade de compreender a alma humana não fazem de uma pessoa um médium.

Do mesmo modo como os pés podem perder sua função ou qualquer outro membro pode ser substituído, assim também somos nós, caso não cumpramos a função para a qual fomos convocados. Quando aprouver ao senhor da vinha, podemos ser remanejados para outras tarefas ou outras searas, já que a comunidade não pode ser prejudicada indefinidamente.

Meditemos bastante naquilo que falamos e em nossas ações. Deus não erra, e os bons espíritos não brincam com coisas sérias nem se deixam enganar. Reflitamos ainda mais e, esclarecendo o nosso papel na comunidade do bem, prossigamos em sintonia com a vontade do Senhor que nos dirige.

Sensibilidade e serviço:
a hora é agora

NÃO ESPERE OS PROBLEMAS acontecerem para então procurar as soluções. Em geral, as soluções que Deus providencia já estão à espera – basta que as alcancemos. Quem anda com passos lentos não chega a lugar algum.

É preciso ser mais sensível para poder captar as mensagens de Deus contidas nos acontecimentos. Tudo o que ocorre conosco ou em torno de nós traz uma resposta enviada pelo Pai, com endereço certo. Compete a nós, seus filhos, desenvolver a sensibilidade a fim de saber interpretar esse conteúdo, com vistas ao progresso.

Não cruze os braços, esperando que os problemas atuais se transformem em obstáculos maiores. A ação no bem, em prol do fortalecimento da causa, deve ser breve, e o tempo urge. Façamos a nossa parte.

Nenhum de nós está na Terra em viagem de férias. Deixemos aqueles que precisam ou desejam descansar e cruzar os braços diante das dificuldades que surgem no caminho, e saibamos respeitá-los. Porém, aqueles que já acordamos para a urgência da hora e para os compromissos assumidos com o Supremo Senhor, que possamos caminhar e trabalhar enquanto for dia – ou seja, enquanto a hora não passa –, a fim de que nossas obras sejam mais produtivas.

Com isso não quero defender a violência no trato com aqueles companheiros cujas limitações são maiores; não é isso. Desejo apenas incentivá-los para que possamos juntos nos dedicar ao trabalho com mais presteza, ante as exigências do tempo e das situações.

CAUTELA E COMPROMISSO

O acampamento dos filhos do Senhor encontra-se ameaçado pelo sono e pelo cansaço. Os problemas vieram nos visitar para que despertemos e nos coloquemos em estado de alerta.

Muitos se deixam embriagar com os prazeres da vida e com a permissividade, que é confundida com liberdade. Cuidado! Esse é um engano que tem feito muitas almas se perderem. Diversos trabalhadores com bons propósitos têm se desviado devido a interpretações pessoais e à atitude de permissividade que adotam em relação às próprias tendências.

Nossa condição é a de um exército que marcha em sintonia com seu comandante. Nossas armas não são as da guerra, mas a verdade é que estamos em permanente luta pelo estabelecimento do reino de Deus dentro de nós e em torno de nós.

Em certas ocasiões, podemos nos rebelar

e pensar: "Os espíritos do Senhor exageram em suas observações". Entretanto, o simples bom senso haverá de nos lembrar que esses mesmos espíritos sublimes que nos dirigem já conquistaram uma visão mais dilatada a respeito das graves questões com as quais nos deparamos.

Meu filho querido, não cruze os braços. Mesmo que alguns de seus companheiros não encontrem forças para prosseguir a caminhada com o rigor e a disciplina que o Mestre impõe aos seus tarefeiros, você não detém o direito de desanimar ou desistir. Ainda que seja necessário, prossiga o seu caminho correndo, caminhando ou arrastando-se: o importante é fazer a sua parte. Quanto àqueles que não puderem ir adiante, deixe-os. Prossiga você confiante de que o Pai não abandona seus filhos.

A tarefa é sagrada e deve ser vista como um sacerdócio, cujo ofício importa que seja realizado de maneira santa. Dedique-se ao trabalho que nos foi confiado, e a bondade de Deus haverá de premiá-lo com recursos superiores, a fim de manter a sua força e impedir que caia ao longo do caminho.

Esteja alerta sempre. A posição que os tarefeiros do Senhor ocupam é a de generais do exército do Cristo. Nenhum desânimo deve vingar entre vocês. Não deem ouvidos às conversas tolas e improdutivas, abortando a fofoca diretamente na fonte e preocupando-se unicamente em servir.

Muitos vêm e vão – são os cometas, estrelas cadentes que riscam o céu, mas que passam. Seja você aquele que permanece, sem esquecer-se de que a obra foi confiada primeiramente a você. E poderoso é o Senhor para prover os recursos para sua obra.

Prossiga confiante de que nós, os espíritos imortais, trabalhamos intensamente para o progresso de todos. Com essa certeza, o trabalho não vacilará, e a tarefa da proposta espírita nos corações estará sempre acima das questões ridículas e efêmeras, pois somos todos nós apenas servidores menores a serviço do bem maior.

Abertos para balanço:
avaliando a caminhada

SEJA NO FIM DE ANO, ou em qualquer outra época na qual a nostalgia tome de assalto nossa alma, convidando-nos à quietude e à meditação, vale a pena atender aos apelos da intimidade e reavaliar a caminhada. O objetivo é criar um momento de maior intimidade com Deus, com Jesus e com você mesmo. Desejo, meu filho, que nesses instantes frutíferos possamos refletir sobre as experiências que Deus proporciona a cada um de nós.

Caminhamos muito, conquistamos novas fronteiras, mas tudo isso não foi feito sem lutas, sem escolhas, que revelam perdas e ganhos. O que nos levou a vencer nos episódios em que nos consideramos vitoriosos? Talvez compreendendo e refletindo melhor sobre nossas vitórias, alegrias e conquistas, aprendamos a evitar aquilo que denominamos derrota ou fracasso.

Sabemos, meus filhos, que ainda é impossível vencer sempre, ganhar sempre e ter ou ser tudo o que queremos ou idealizamos. Não há conquista sem opções. Não se pode ter ou ser tudo ao mesmo tempo. Durante nossa caminhada, aprendemos a fazer escolhas e a priorizar certas questões, em vista dos objetivos que assumimos. Eis o que a vida nos reservou em nossa experiência.

Por outro lado, é necessário, com igual empenho, avaliar nossas perdas e o que designamos fracassos. Por que alcançamos o insucesso em muitos empreendimentos? Quais os elementos diferentes ou semelhantes que estavam presentes em cada experiência? O que caracterizou o planejamento e a realização quando enfrentamos a amargura do fracasso e da derrota?

Algo permaneceu e pode ser extraído da experiência dolorosa, ainda que pareça difícil assimilar isso. Mas não é impossível. Caso as lições da vida não nos exigissem em nossos limites e fossem compreendidas instantaneamente, sem maiores esforços, não seriam chamadas *lições*. A caminhada de todos nós é um recurso educativo empregado pela Divina Providência a fim de despertar seus filhos.

Ninguém acerta sempre.

Não se esqueça, meu filho: quanto mais queremos reter, possuir e ganhar, mais nos aproximamos de perder e fracassar. Isso porque todas as nossas expectativas estavam voltadas apenas para a vitória aparente sobre os desafios. De forma oposta, quanto mais trabalharmos apenas pelo amor ao trabalho, sem depositar toda a nossa satisfação nos resultados, mais chance temos de vencer, ser e ter aquilo de que necessitamos. A partir do momento em que dedicarmos a vida, a atenção, o amor e os esforços ao bem, ao dividirmos, de fato multiplicamos, e, às vezes, subtraindo nossos próprios interesses, ampliamos consideravelmente a soma alcançada. É lei da vida: quem divide com o próximo multiplica para si mesmo os resultados.

Essa reflexão também pode ser feita com relação a nossa vida íntima. Que tal pensar sobre as vitórias e os fracassos da intimidade? Como temos empregado esforços, vitalidade e amor para a própria felicidade? Não deixe passar a oportunidade de elaborar melhor sentimentos, emoções e afetos. Talvez, meu filho, aqueles que caminham conosco mereçam melhores cuidados, maior amor e mais tempo dedicado a seus corações.

Pode ser que você pense que o tempo é curto e não permite conciliar tantas necessidades. Medite, então, na bondade de Deus. O dia tem 24 horas, o mês tem 30 dias, e o ano, 365 dias. Foi estabelecido um ritmo no qual nada se atropela, e, nessa marcha eterna da vida, tudo está organizado. O Pai coordena cada coisa, cada acontecimento a seu próprio tempo, dando-nos oportunidade de aprender com Ele a administração das horas e dos dias. Tanto assim que Ele não faz tudo sozinho. Em sua sabedoria, Deus divide com alguns filhos a tarefa de conduzir e gerenciar a vida, ao incumbi-los da direção dos mundos. A outros, destina os países e os povos; outros, ainda, são responsáveis pela saúde, pela ciência, pela sabedoria, pela condução de ovelhas perdidas... Cada um desempenha papel fundamental no andamento das coisas.

Eis como podemos também administrar nossos corações, nossos afetos, nossas responsabilidades. Nada é impossível. Ninguém foi conduzido ao nosso coração sem ter um objetivo, e, uma vez que estreitamos os laços de afeto e de amor com as criaturas, encontramo-nos eternamente ligados a elas pelos mesmos laços que nos unem a Deus.

Que minhas palavras possam inspirá-lo a reflexões produtivas. Possamos assim trazer Jesus para o coração e a vida de todos nós. Que nosso entendimento seja transformado numa manjedoura viva, onde o Cristo seja muito mais do que simples citação de trechos e frases decoradas. Seja ele a força viva em nossas relações, afetos, alegrias e lágrimas; seja sempre o Cristo – irmão, companheiro de caminhada, amigo em quem confiamos.

Apaixonar-se pelo trabalho:
amar é deixar-se envolver

A ETAPA NA QUAL adentra a humanidade exigirá de todos uma postura mais firme, clara e definida de acordo com a necessidade do momento. Falo, meus filhos, porque o meu coração de mãe não pode calar os sentimentos, que são inspirados por vocês próprios. Falo porque o amor me impulsiona a esclarecê-los quanto às responsabilidades que os espíritos superiores nos confiaram.

A tarefa que Deus nos confiou é sobremaneira sublime para que a comprometamos com as coisinhas com as quais às vezes vocês se permitem distrair. O trabalho só prosperará à medida que vocês se envolverem de tal maneira que trabalho e trabalhador se unam como corpo e alma se encontram unidos no processo da reencarnação.

Não adianta passar o tempo enganando a si mesmos. A disciplina é importante, a organização é de extrema urgência, mas tudo isso só será possível à medida que a equipe se perceber como um só time, e não como competidores ou rivais.

É preciso desenvolver a *consciência* de que os espíritos responsáveis pelos nossos trabalhos sabem o que fazem, com o objetivo de sermos todos direcionados pelo amor. Não adianta trabalhar sem amor pelo trabalho, sem se envolver com ele. Não há como ser instrumento das forças superiores do bem sem se deixar cativar pelo mesmo bem, pelos espíritos, pelos seus pensamentos e ideias. Não existe maneira de desejar sucesso sem se deixar cativar e apaixonar pela mensagem e pelos mensageiros, que são os representantes do ideal que abraçamos.

Isso tudo que falo para vocês é a resposta para a nossa necessidade de amor. É a resposta para as perguntas não formuladas verbalmente, que traduzem nossa sede e fome de Deus, de vida e de felicidade.

Envolvimento, desejo de ser útil, empenho no trabalho, tudo isso é necessário para levar avante a tarefa que nos é confiada. Mas não é necessário tão somente levar avante a tarefa; é preciso que o trabalho traduza qualidade e intensidade de amor, produzindo realização íntima naquele que o empreende. O trabalhador deve vibrar com o trabalho. O trabalhador da mensagem espírita deve vibrar com os mensageiros, deve respirar todo o processo de aprendizado inspirado pelos espíritos imortais.

Aí está, meus filhos, nossa necessidade imperiosa, inadiável. Alegremo-nos pela oportunidade que Deus nos concede. Valorizemos todos os recursos que nos são conduzidos pela Divina Providência. Mas não nos esqueçamos de que devemos, acima de tudo, aprender a nos amar, a amar os recursos adquiridos pelo suor, pelas lutas, pelas dores.

Amemos o processo, a execução da tarefa. Deixemo-nos envolver, ser envolvidos pela psicografia, pela psicofonia, pela mensagem consoladora, pela página, pela letra, pela criação artística. Permitamos nos apaixonar pelo toque do companheiro, pelo telefone, pela cadeira, pela flor.

Deixemo-nos envolver, pois isso é amor. Sem amor é impossível agradar a Deus ou nos agradar, pois Deus é a luz imperecível que brilha dentro de nós.

A casa espírita:
um templo da vida

A PROPOSTA DA CASA espírita é a libertação das consciências e a formação de trabalhadores responsáveis, cientes do papel que desempenham, pois são parceiros dos Imortais. Essa divina parceria objetiva o estabelecimento definitivo do reino do bem nos corações.

A casa espírita é, pois, uma equipe de Jesus em ação. Ação contínua de libertação de tabus, preconceitos e atitudes castradoras, que impedem o crescimento. Todos são a casa. O centro espírita não é a diretoria nem se resume às lideranças. O centro espírita é o próprio trabalhador, tanto quanto cada trabalhador é o próprio centro espírita.

Há que se esclarecer o papel da casa, para nós mesmos e para o trabalhador, a fim de que não nos percamos em meio aos pontos de vista de certos indivíduos, que, mesmo cheios de boa vontade, estejam desconectados com a proposta do Alto. Não basta conservar a cabeça cheia de sonhos e de ideias maravilhosas, enquanto as mãos permanecem vazias de realizações. Tal atitude denota imaturidade espiritual.

A casa espírita deve primar pela qualidade de seus métodos de ação, de seus trabalhos e trabalhadores, sem perder de vista a beleza, a harmonia e o sentido estético de toda atividade do bem realizada em nome do Mestre.

Entendemos como casa espírita a reunião de corações afins sob o direcionamento de Jesus. Embora muitas vezes o pensamento do trabalhador não reflita a proposta dos orientadores espirituais, o estudo constante, a clareza e a transparência nas atitudes dos líderes contribuem para que o próprio trabalhador não fique mergulhado em sonhos e ilusões que não expressam a realidade espiritual do mundo. Jamais devemos nos esquecer de que a casa espírita representa o esforço do Alto em implantar na Terra um oásis de paz. Sob essa ótica, o trabalhador não poderá se esquecer de que está no mundo, lidando com as leis próprias do mundo, a fim de transformar o ambiente num pedacinho de céu na Terra.

Contudo, não nos esqueçamos de que centro espírita não é reduto de espíritos elevados ou redimidos. É campo abnegado de trabalho incessante, de aprimoramento da consciência e do coração. A casa espírita é um templo para onde convergem todos os esforços do Mundo Maior com o objetivo de fornecer inspiração aos homens para a realização da paz.

Diz o amigo espiritual Alex Zarthú, com relação à casa espírita: "Aqui, filhos de Deus aprendem, estudam e ensinam ciências. Mentalize eficácia, respeito e disciplina. Este lugar é um templo da vida". A ciência espiritual, em parceria constante com as inteligências imortais que nos dirigem – esse é o nosso objetivo.

Eficácia, respeito, disciplina são metas a serem atingidas; porém, sem perder de vista que existem limites a serem respeitados, que somos todos humanos e que a angelitude e a santidade fazem parte de um projeto para o futuro – não são ainda a realidade presente de nenhum trabalhador da última hora.[4]

[4] Cf. Mt 20:6.

Persistência:
chave para o sucesso

PERMANEÇAMOS FIRMES na tarefa que o Senhor nos confiou, pois somos nós aqueles aprendizes da última hora que tentamos resgatar o tempo perdido através da dedicação máxima à causa. Não nos detenhamos nos percalços do caminho. É preciso alimentar a chama da fé e lutar para que o desânimo não encontre abrigo em nossos corações. Somos chamados a trabalhar em regime de urgência para a reconstrução do mundo.

Parceiros de Jesus, não esperemos para nós aquilo que nem ele teve para si. Privilégios não existem na criação divina. A uns é dado remover as impurezas da terra; a outros, semear; a outros, ainda, colher os frutos que o tempo abençoará. Somos os obreiros que no passado nos atrasamos para responder ao chamado do Alto e que agora trabalhamos com devotado amor à causa que juntos abraçamos. Por isso, faz-se necessário dedicação exclusiva, constante e incessante à causa espiritual.

Avante, meu filho. Horas vazias não se preenchem com os braços cruzados. Que possamos redescobrir Deus através do bem que possamos realizar. O mundo clama por amor, e, se aqui estamos e vivemos, é unicamente pela força do amor. Ele é operoso, e o mundo desafia-nos a trabalharmos com amor.

Não cruzemos os braços diante das injustiças ou das manifestações de incompreensão alheia. Tenhamos a coragem de nos manifestar, de dar a resposta de amor e de trabalhar para melhorar a situação vigente. Ninguém se conforme com o mal. Nenhum de nós seja conivente com o erro. Busquemos dentro de nós a força renovadora do trabalho sublime e transformemos o panorama do mundo para a criação de uma Terra melhor.

Coragem:
é preciso trabalhar

ABRAÇO-O COM o carinho de sempre. Não imagine que ignoro suas dores, as alfinetadas e as picadas que tem experimentado. Tenho convicção, contudo, de que elas se transformarão em pontos de luz em sua alma.

Lembra-se, meu filho, de quantas vezes eu lhe falava nas madrugadas? Lembra-se de nossas conversas pelas noites maldormidas? Se você se recorda dessas coisas, com certeza não poderá ignorar o exemplo que me esforcei para lhe dar. Quantas vezes passei as noites sem dormir, levantando-me durante a madrugada para trabalhar, abafando os soluços e as mágoas para dar alegria a você e aos demais da família? Quem ama, meu filho, aprende a silenciar o próprio pranto e servir, como o menor e mais humilde de todos, para que aqueles que amamos possam, se for o caso, descansar os pés sobre nós. Aí está a maior honra que um coração que ama pode ter.

É preciso compreender que, muitas e muitas vezes, meu filho, as coisas mais importantes para as convenções do mundo nada ou nenhum valor apresentam para a vida espiritual. Assim, filhão, devemos aprender a silenciar nossa alma e compreender a grande lição do Evangelho: "É necessário que ele cresça e que eu diminua".[5] Diminuir, meu filho, não é anular-se. Diminuir é conscientizar-se de que chegará a hora certa, mais conveniente para o despertamento alheio, que

---

[5] Jo 3:30.

não há como ser apressado. Como qualquer seguidor do Cristo, aprenda a servir e amar, no silêncio, ainda que sofrendo dores atrozes, que dilaceram a alma, semeando no coração a esperança de que Deus está em atividade e trabalha incessantemente.

Ocorre, filhão, que, nos momentos graves, costumamos nos sentir muito inferiores quando amamos. Ao compararmos esse sentimento ao verdadeiro amor, que é divino, frustramo-nos. Nada disso! Não depositemos tanta expectativa sobre nós mesmos, nem com relação ao outro – saibamos compreender os limites de cada um. Aprendamos a esperar que a obra de Deus nos corações daqueles que amamos seja concluída no transcorrer da eternidade.

Somos exigentes demais, meu filho. O Pai, entretanto, não tem pressa com ninguém. Trabalhemos, trabalhemos ininterruptamente o nosso interior, a fim de assimilarmos as lições de Deus para a nossa alma.

Lágrimas, meu filho? Não as guarde prisioneiras nas represas da alma. Permita-se chorar, sim, mas não de revolta. Que nossas lágrimas sejam como a chuva abençoada, que irriga as sementeiras do bem abrigadas na alma.

Amemos, meu filho. Amemos sem esperar respostas. Entreguemo-nos e continuemos deixando a cargo de Deus o resultado da semeadura.

Se dificuldades, pedradas, espinhos e incompreensão fazem parte de suas experiências, peço-lhe, filhão, que não se esqueça jamais de que os espíritos do Senhor nunca lhe prometeram facilidades. Eles sempre disseram que seria sobremaneira espinhoso o caminho da mediunidade e que, em silêncio, eles, e agora eu, estaremos todos a ampará-lo e incentivá-lo no bem. Enquanto você mantiver a fidelidade aos princípios que abraçamos, a Jesus e aos ensinos de Allan Kardec, os espíritos do Senhor lhe ampararão os passos.

Por minha vez, sendo mãe como sou, posso afiançar-lhe, meu filho: mesmo que você escolha caminhos equivocados e se localize em regiões sombrias de sofrimento, continuarei amando-o e amparando-o. Jamais hesitarei em abdicar das possibilidades que Deus me concede e deixar as regiões superiores para permanecer abraçada a você, onde estiver e como estiver, aguardando em silêncio, sem pedir respostas, o dia em que nos reintegraremos aos braços do Pai. Ainda que, caso isso acontecesse, seu restabelecimento durasse uma eternidade, meu amor, que sobreviveu à sepultura, também duraria tempo suficiente para podermos reaprender juntos a palmilhar os caminhos do Pai.

Trabalhe e ore, sirva e ame. Deus investiu nos médiuns para que fossem canais de transmissão da mensagem de esperança para o mundo.

Não decepcionemos aqueles espíritos que confiam em nós. Por isso, meu filho, silencie seu pranto e qualquer reclamação. Se chorar, chore no silêncio de seu quarto, aproveitando a oportunidade para orar a Deus. Não se permita vacilar na tarefa. Lembre-se: somente os covardes é que desertam. Temos

que trabalhar. Para isso, os espíritos do Senhor investiram e permanecem a investir em
nós. Amemos sempre, sirvamos mais.

Trabalho com dedicação:
a importância da equipe

TRABALHEMOS, MEUS FILHOS. O momento é de atividade produtiva para que as sementes de amor plantadas nos corações possam florescer e frutificar. É preciso dedicação incondicional à proposta do Mestre. Para que a tarefa alcance resultados satisfatórios, o obreiro do bem deve dedicar-se à causa do Cristo com satisfação e com consciência da grandeza da obra para a qual foi chamado.

De nada adianta a movimentação improdutiva, que se assemelha à poeira que se levanta à margem do caminho. A conscientização do trabalhador da causa espírita deve ser prioridade e esforço permanente. Trabalhar com uma equipe afinada pela consciência do empreendimento que realiza é a meta daqueles espíritos sublimes que nos dirigem. No entanto, para alcançarmos unidade em nossos trabalhos é necessário observar alguns pontos importantes, a fim de que as diversas equipes possam comungar dos mesmos ideais e possa haver coesão.

Primeiramente, a transparência deve ocorrer em todos os setores. Sem transparência nas relações, sem abrirmos os corações, não haverá verdadeira compreensão e fraternidade. Da mesma forma, vale destacar que a dedicação de cada companheiro acontece na proporção exata de sua capacidade de amar. Não nos enganemos, meus filhos: amar verdadeiramente é diferente de falar que ama ou discorrer sobre amor. Quem ama se envolve, e, na tarefa do bem, o trabalho e a dedicação terão a medida exata de nossa capacidade de amar.

Mantenhamos a fidelidade às propostas de expansão e esclarecimento das consciências, sem dar importância às interpretações das outras pessoas acerca do nosso trabalho. Que nos baste servir à nossa consciência e aos elevados propósitos da semeadura do bem.

Nossa obra é a de esclarecer e iluminar corações através da proposta do Mestre. Para alcançar essa meta, a doutrina espírita é o instrumento de reeducação e o elemento dinamizador do divino empreendimento.

De uma forma mais ampla e direta, existe o compromisso com o livro espírita, que é a alavanca que move a libertação interior. Devemos apresentar ao mundo uma obra exemplar, porém simples; de bom gosto, mas sem excessos. Primando pela beleza, pela qualidade e por uma forma de divulgação que ultrapasse os limites da casa espírita. Aprendamos a apresentar a Boa-Nova de forma atraente, de tal maneira que, além de converter os corações e consolá-los, possa satisfazer ao profundo sentimento de estesia que todos trazemos dentro de nós. Não deixemos a doutrina do Cristo prisioneira da mediocridade das ideias retrógradas. Auxiliemos o Mestre a fim de que sua obra seja apresentada e presenteada ao mundo com o primor e a beleza que exalte a divina procedência da mensagem renovadora.

Mantenhamos em nossas fileiras a simplicidade, que se traduz na capacidade de reconhecer nossos equívocos e limites sem nos submetermos aos sentimentos pessimistas. Eis o que é a simplicidade: a capacidade de entender que tudo vem do Alto; que a gênese do progresso humano está em Deus; que somos dirigidos e orientados pelos Imortais, que nos tutelam a existência e a própria vida. Ser simples é reconhecer a parceria total, sem perder de vista, contudo, a qualidade total nas tarefas que nos foram confiadas. Nada se compara à simplicidade de uma flor; porém, não há no mundo o que supere sua beleza e desperte-nos tal inspiração, quando a observamos com o olhar da alma.

Acreditamos, meus filhos, que é a hora de revermos muitos conceitos que temos acalentado ao longo de nossas vidas.

Caridade, por exemplo, não é apenas doar óbolos materiais, melhorar as condições sociais e econômicas. Fazer caridade é libertar as consciências, despertar no outro o sentimento de plenitude diante da vida, levá-lo a descobrir a capacidade que possui de vencer os desafios e dificuldades. Caridade é a superação dos obstáculos com a parceria dos corações. Afinal, pobreza não é aquilo que se expressa na escassez de recursos financeiros ou na restrição em compartilhar os bens produzidos socialmente. Ser pobre, aos olhos dos bons espíritos, é algo interior – reflete a falta de visão mais ampla da vida e a ausência do sentimento do belo e do bem, que ainda não se desenvolveu.

Sem a revisão de muitos conceitos, arraigados ao longo dos séculos, demoraremos a nos libertar, a fim de libertar também a consciência alheia. É hora de romper para sempre as barreiras da incompreensão e os obstáculos interiores. Esse é o resumo da proposta renovadora que o espiritismo apresenta aos corações, e é importante que possamos atingir essa meta que nos foi proposta. Mãos à obra, meus filhos! Não detenhamos os passos diante das manifestações estreitas da mentalidade humana. Desbravemos o continente da alma e iluminemos nossas vidas com o elemento renovador do Evangelho. Não nos esqueçamos, porém: Evangelho não é fórmula para ser decorada com frases e discursos inócuos e improdutivos; é, sobretudo, proposta de qualidade de vida mental e social.

Deus abençoe nossos trabalhadores, a fim de que a excelência do trabalho brilhe acima das coisas efêmeras, que certamente passarão, diante dos esforços de progresso.

Deserção:
o recurso dos covardes

JESUS, O SENHOR dos Espíritos, fez o divino chamado quando os homens da Terra haviam amadurecido para o trabalho. Seu chamamento à obra do bem ultrapassou os séculos e as gerações e achou ressonância nos corações dos modernos discípulos da Boa-Nova. Entretanto, não devemos esperar dos companheiros aquilo que não estão preparados para oferecer. É preciso compreender e aceitar o fato de que cada um só poderá doar de si mesmo na medida exata do seu amor.

Não nos permitamos sofrer com as limitações alheias. A energia que despendemos com os sofrimentos íntimos é a mesma que poderemos canalizar para enxugar as lágrimas do próximo.

Ante o chamado ao compromisso, muitos irmãos desanimam na jornada. Alguns, passando os momentos de euforia com a tarefa, alegam problemas urgentes ou simplesmente ignoram as responsabilidades, entregando-se às preocupações da vida pessoal. Outros ainda, quando percebem que a tarefa requer renúncia e dedicação incondicional, quedam-se a meio caminho, deixando o peso do trabalho nos ombros de poucos. Muitos são chamados para participar da glória de servir no trabalho cristão. Poucos, muito poucos mantêm-se fiéis ao legado de Jesus, que nos disse ser estreito o caminho e apertada a porta que conduz à vida eterna.[6]

Perante a natureza da obra para a qual

---

[6] Cf. Mt 7:13-14.

fomos chamados, não nos é lícito passar para a fileira dos desertores. Aprendamos a amar esses irmãos que caem à margem do caminho ou que se comprazem com as ilusões da jornada; contudo, não nos permitamos a deserção dos deveres assumidos com o Mestre em nome de Deus. Somente aqueles que têm a coragem de prosseguir em meio aos tropeços da estrada, trabalhando para superar os conflitos encontrados em sua vida, é que obterão o prêmio da vitória, isto é, a consciência tranquila diante do cumprimento dos deveres.

Trabalhemos, meu filho! A hora em que vivemos é muito grave e exige de nós a dedicação incondicional e a fidelidade à proposta do Mestre. Oremos por aqueles que desanimam e por nós mesmos, pedindo ao Senhor da Vida a glória de continuarmos trabalhando pelo amor ao seu nome. Que nossas forças fiquem exauridas na tarefa. Que a Divina Bondade não nos permita momentos de ociosidade ou descanso imerecido enquanto, na Terra, houver uma lágrima a ser enxugada; enquanto o pranto marcar a rota da libertação e houver um coração a ser consolado.

A deserção da tarefa é recurso dos covardes. Sejamos fiéis àquele que nos chamou à missão de pescadores de almas e tenhamos a certeza de que, após as lutas e lágrimas derramadas, a incompreensão dos companheiros ou as pedras do caminho, haveremos de depor nossas vidas no altar dos sacrifícios pessoais, a fim de glorificar a obra do Senhor pelas mesmas vias pelas quais ele passou na terra da incompreensão.

Nunca lhe disse que seria fácil. Disse-lhe apenas que compensava.

A você, com o amor de mãe

MEU FILHÃO, os laços de afeto que nos unem não podem ser medidos e avaliados segundo os padrões humanos. O tempo nos separou quando a morte visitou um dia as nossas vidas; entretanto, as experiências têm nos unido desde o momento em que Deus nos concebeu em seu pensamento. Os laços de afeto se estreitaram ainda mais quando o recebi em meu coração um dia, decidida a levá-lo mais intimamente dentro de mim.

O trabalho então surgiu como oportunidade que Deus nos concedeu para ampliar a nossa família espiritual. Recebi em meus braços um filho, dois, três, quatro e, em meu coração, trazia incrustados vários outros, feito diamantes de uma única joia. Hoje vejo com contentamento que o meu espírito foi fecundado pelos filhos que Deus me confiou e atuam como estrelas em minha vida.

O amor não mudou; o carinho jamais diminuiu. Enfim percebo que a nossa tarefa tende a crescer cada vez mais, na proporção exata do amor que alimenta nossas almas.

Se algo posso pedir a vocês, meus filhos do coração, e em especial a você, meu filhão, é que não percam a alegria, a simplicidade nem o amor, que devem ser suas características mais marcantes.

Peço-lhe, filho amado, que continue a estender suas mãos aos outros filhos que Deus me confiou. Não se intimide diante dos obstáculos; eles existem apenas para fortalecer nossa dedicação e estimular nossos esforços na caminhada rumo ao Pai. Permaneça disponibilizando suas mãos, das quais me utilizo, como extensão do meu coração, para amparar, socorrer, consolar e impulsionar quem delas necessita.

Não cale a sua voz. Seja ela uma trombeta viva, transformada pela atuação dos Imortais em instrumento da psicofonia divina. Seja sua voz a extensão de nossas vozes, para que possamos falar através dela, cantar por meio de sua palavra e assim fazer ressoar a canção do amor e o hino da esperança nos corações de quem sofre. Seja a mediunidade o instrumento afiado e refinado para fazer o mundo ouvir as vozes dos Imortais.

Não se cansem seus pés. Sejam eles os mensageiros velozes dos espíritos, que levam a mensagem fraterna e o elemento renovador da palavra e da ação para onde for preciso.

Não se canse de amar, pois apenas o amor incondicional libertará nossas almas um dia, e somente com muito coração conseguiremos nos unir mais intensamente uns aos outros – ligando-nos, dessa forma, mais intimamente a Deus, nosso Pai.

Não desanime, meu filho. A nós é concedida a honra de amar e servir, sofrer e trabalhar, compreender e consolar em nome da causa do Mestre. Vencida essa etapa, quando julgarmos que já cumprimos os deveres perante a nossa consciência, saberemos que tão somente realizamos a tarefa de simples aprendizes – uma vez que ainda haverá outro tanto a caminhar.

Asseguro-lhe: estarei a seu lado indefinidamente. Nada sei fazer além de amar. Com certeza você merece e merecerá recursos mais amplos, que o Pai por certo enviará. Contudo, sei apenas amá-lo com o carinho especial de alguém que, desde os séculos que se perdem na eternidade, está ligado ao seu coração; que, ainda por tempo dilatado no futuro imortal, permanecerá sempre fiel à sua vida.

Peço-lhe, filho, que me represente com seu coração. Que possa ser meu amor falado, meu amor vivido e meu amor declarado àqueles outros filhos que vêm ao encontro da mensagem de espiritualidade.

Receba meu beijo, meu afeto e o desejo sincero de que permaneçamos indissoluvelmente ligados pelos laços eternos do amor do Pai.

Referências bibliográficas

BÍBLIA de referência Thompson. Edição contemporânea de Almeida. São Paulo: Vida, 2005.

PINHEIRO, Robson. *Os espíritos em minha vida*. Contagem: Casa dos Espíritos, 2008.

___. Pelo espírito Everilda Batista. *Sob a luz do luar*. Contagem: Casa dos Espíritos, 2009.

gar assim que empreendemos o trabalho das emoções e iniciamos o despertar para outros corações. A energia que gastamos lutando contra a correnteza da vida é a mesma que empregamos para superar os obstáculos que se apresentam ao longo do percurso.

Não se deixe afogar em pranto e não se entregue à infelicidade ou ao pessimismo. Todas as pessoas merecem nosso carinho, amor e afeto. Mas ninguém, absolutamente ninguém merece que nos tornemos infelizes e abdiquemos de nossos valores em nome de qualquer situação.

Entregue-se ao trabalho incessante, enobrecedor, sem interromper o curso de sua vida. Ao agir assim, abrirá oportunidade para o rio da vida trazer até você as sementes da felicidade.

a adubar o coração, para que não se transforme em pedra e cesse de amar. Não há como deter a correnteza de amor que jorra incessante da fonte inesgotável da vida. Somos apenas o leito desse grande rio, pelo qual flui a água do amor, emprestando vida e fazendo florescer tudo de bom que há nas margens da existência.

Se as decepções nos visitam ou se a crise se aproxima, causando estragos em nossas emoções ou dilacerando nossas almas, aprendamos a nos amar mais, para que nos sintonizemos com outros corações que vibram em consonância com o nosso. Dessa forma descobriremos como nos integrar ao curso da vida, sem medir forças ou procurar deter, em vão, a torrente do grande e caudaloso rio do amor.

Por maiores que sejam as crises, elas não resistem à força do trabalho. Crises econômicas se resolvem mediante o trabalho construtivo e disciplinado; crises sociais não vingam diante do trabalho comunitário, e as crises do coração e do sentimento cedem lu-

Diante das lágrimas:
a solução é amar mais

POR QUE DESANIMAR? Por que lamentar-se e cultivar este sentimento de derrota? A vida prossegue atraente e estuante, oferecendo para todos nós oportunidades que se renovam a cada manhã. Encontramos diante de nós os caminhos abertos por Deus, que nos conduzem à felicidade plena.

Por que chorar?

Enxugue as lágrimas, meu filho, e, se elas teimarem em descer, com elas aprenda

assim, à ilusão de que dar vazão ao desequilíbrio é sinônimo de aproveitar a vida.

Que os trabalhadores do Cristo fiquem atentos. As trevas não dormem em suas tentativas de obstruir a caminhada da luz. Sombras densas ameaçam os filhos do bem. "Orai e vigiai",[7] disse o Mestre. Ele, o divino amigo de nossas almas, confiou que seus irmãos e tutelados seriam capazes de vencer pela força do amor, que não morre jamais.

Estejamos atentos, meus filhos. Deus espera de nós a postura firme e a dedicação plena ao ideal superior. O tempo urge, e não podemos decepcionar as forças superiores do bem que confiam em nós, nesta hora ímpar em que se decide o futuro da Terra.

---

[7] Mt 26:41; Mc 13:33; 14:38.

difíceis, de perseguição, de calúnias, de testemunhos dolorosos e difíceis.

Quando os filhos de Deus se unem e se fortalecem no bem e nas virtudes, então as trevas atacam novamente, mudando de tática. Infiltram-se lentamente através de amizades que elas próprias inspiram e que causam certo deslumbramento. Vêm então os pensamentos que provocam desarmonias. A princípio imperceptíveis, mais tarde manifestam a intenção da fonte que os originou.

Assim, trabalhadores do bem passam a abrigar na mente ideias equivocadas sobre como aproveitar a vida, divertir-se, e, de pensamento em pensamento, minam-se as defesas da alma. As paixões avassalam a alma e a sensualidade passa a dominar cada vez mais. Quando menos se percebe, hábitos saudáveis são substituídos pelo desrespeito a si mesmo. Atitudes sadias e palavras cultivadas com equilíbrio cedem espaço para questões e desejos passageiros. A alma corre o perigo de perder-se em meio ao divertimento e ao gozo desmedido dos sentidos. Entrega-se,

Como se instaura o desequilíbrio íntimo:

um alerta aos trabalhadores da última hora

O TEMPO EM QUE vivemos é de definições para todos nós. A época é de estruturação dos valores da alma. As trevas tentam a todo custo deter a marcha dos filhos de Deus que lutam pela renovação da vida. Primeiramente, os infelizes representantes das sombras fazem guerra aberta e declarada contra o acampamento dos filhos da luz. São tempos

e virão, tanto quanto difíceis são e serão as relações entre muitos companheiros. Entretanto, os vínculos de amor, reconhecimento e gratidão, bem como os de simplicidade, deverão permanecer em todos nós, como tributo de gratidão a Deus pelas mãos do Senhor, que se materializaram em torno de nós, a fim de erguer a obra do bem.

Trabalhemos pela paz de nossas almas, com a simplicidade dos corações agradecidos, que se curvam diante de Deus na oração emanada da alma, filha do Senhor.

Deus possa nos utilizar a todos como instrumentos do bem, da paz, da harmonia, para que o mundo dentro de nós seja um mundo melhor. Que o mundo lá fora reflita o mundo íntimo daqueles que se apresentam a Deus como trabalhadores de sua obra.

cadores da mensagem espírita, do otimismo, da alegria.

Comemoramos, com a conquista da simplicidade, uma etapa importante de nossas atividades. É um momento representativo, que devemos celebrar como um atestado da confiança que Jesus deposita em cada um de nós. Celebro esta nova fase de trabalho recordando a caminhada, a parceria e o aprendizado. Afinal, a urgência da hora requer que avaliemos a trajetória, as lutas, as dificuldades, mas também as vitórias.

Não nos esqueçamos jamais daqueles trabalhadores da primeira hora. Mantenhamos a gratidão como vínculo de nossos corações. Não nos desliguemos das lembranças e do amor por aqueles que iniciaram o trabalho diante das intempéries, das tempestades e dos obstáculos. Não nos esqueçamos de valorizar as mãos que nos apoiaram, as que construíram, as que ampararam e as que mantêm, em nome do Cristo, o trabalho que nos foi confiado.

É certo que lutas e dificuldades vieram

Simplicidade:
o jeito de Jesus

GRAÇAS A DEUS, creio que você despertou para o significado da palavra *simplicidade*. Acredito, meu filho, que, com a conscientização acerca do valor da simplicidade – que é o caminho apontado pelo Cristo –, daremos um passo muito importante em direção a outra dimensão dos nossos compromissos. Certamente, os espíritos sublimes que nos dirigem saberão utilizar cada um de nós como instrumentos mais eficazes, multipli-

em nós. Há que se desenvolver afeto ao cultivar o solo dos corações, ao restaurar as relações estremecidas e ao investir no lado bom de todos e no otimismo, que deve vigorar em tudo o que realizamos.

Embora 10, 20 anos representem apenas segundos na história da vida espiritual, não nos é exigido um período muito dilatado de trabalho para merecermos a tutela dos benfeitores da Vida Maior. Não é o tempo que se leva em conta, mas a quantidade de amor, a intensidade de carinho e afeto que somos capazes de empregar naquilo que fazemos.

Portanto, meus filhos, deixemos de lado as considerações mesquinhas de medo, pessimismo e desânimo e continuemos a investir no bem, a agir no bem e a ver o bem em toda parte. Não nos esqueçamos jamais: o Alto sempre investe em nós.

intenso amor que está sendo injetado em nós e em nossas atividades.

Contudo, temos ainda extenso caminho a percorrer. As conquistas que nos desafiam o futuro são conquistas interiores; os desafios que temos diante de nós, na verdade, são íntimos, internos. Como médiuns do Cristo, vemos hoje a estrutura de nossas atividades erguida no plano das formas, mas estamos apenas ensaiando as construções espirituais verdadeiramente imperecíveis.

Diante do momento importante que o planeta atravessa, em que vivemos a fase da adolescência espiritual que almeja a maturidade, tenhamos cautela. Este é um instante de reflexão, pois toda transição requer cuidados.

Não queremos enfatizar supostos ataques das sombras, melindres ou personalismos, que são comuns em todos os núcleos humanos que se definem em favor do bem. Referimo-nos ao cuidado carinhoso e à atenção que devemos dispensar às sementeiras de amor a nós confiadas. Deus aposta

O passado e o futuro:
momento de transição

DEUS ILUMINE nossos corações e nos conceda a tranquilidade para captarmos as inspirações do Alto. Ao longo de nossa jornada, temos sido depositários de incondicional confiança e investimento do Mundo Maior. Durante esse tempo, temos presenciado o testemunho do Alto através dos recursos mobilizados em favor do trabalho a nós confiado. Ao reavaliarmos a trajetória, verificamos anos de tentativas, tropeços, vitórias e amor,

tonia com o Senhor.

Mesmo que doa ao seu coração, não deixe de amar. Assim, meu filho, estaremos mais próximos, mais unidos na tarefa que nos foi confiada. Os anos passam, e vejo a cada dia meu filho se transformar no parceiro de minha alma. Vejo que o menino cresceu; a alma, no entanto, permanece a do aprendiz do Senhor, que transforma a dor em poesia e, a partir do sofrimento, compõe uma canção para louvar a Deus – para nós, o ideal maior.

Não se detenha, repito. Não se canse de amar, não se canse de servir.

Leve o eterno amor da mãe, da amiga, da parceira e benfeitora, que dedico à alma gêmea de minha alma.

certeza extravasa dos corações sofridos. Sua saudade é a minha saudade; sua dor é a minha dor. Porém, a colheita de esperança é o fruto igualmente abençoado com que o Supremo Senhor nos brinda.

A aparente solidão é a moeda que deve ser paga em troca da certeza da imortalidade semeada nesses tantos corações que nos procuram. Muitos outros filhos se somaram à nossa família. Olhemos os frutos do trabalho e prossigamos, meu filho, confiantes de que nosso amor nunca morreu. Ao contrário: multiplicou-se nestas tantas crianças, nestas outras mães, nos muitos corações consolados, que hoje se transformam em flores vivas. São esses os troféus que trazemos nas mãos para oferecermos ao Senhor, que nos confiou os filhos para tutelar.

Não se detenha, meu filho. Sejam suas mãos firmes para escrever nas páginas do coração a mensagem de esperança e consolo. Seja a mediunidade o canal de luz através do qual nossas mãos e nossos pensamentos se tocam ao nos mantermos em sin-

esperanças, e nossa voz agora ressoa em muitos corações através do lápis, da mensagem, da esperança e da fé que nos alimenta a alma.

Sem o antigo corpo, que agora repousa sob a terra, considero, meu filho, que nos unimos muito mais, pois agora suas mãos se transformaram em minhas próprias mãos. Sua voz é a minha voz, e o seu corpo todo, agora emprestado a mim, é o instrumento do qual me utilizo para me fazer sentir entre os tantos filhos que adotei em meu coração.

Certo dia lhe pedi que me emprestasse as mãos para amparar e servir. Hoje, posso lhe dizer que, após todos os anos que se passaram desde o momento em que acordei para a nova vida, sinto-me duplamente viva. É que nosso trabalho, realizado com amor e dedicação, é o vínculo maior da nova família, que juntos criamos e mantemos com o calor do coração.

Portanto, filhão, não se atormente se hoje parecer a você que está sozinho. Não chore. Veja o resultado desses anos de trabalho. Quanto sorriso, quanta esperança, quanta

Mãe e filho:
unidos em nome do amor

A MORTE PROVA A NÓS, meu filho, que é impotente para interromper o fluxo de amor que emana de todos nós. A vida prossegue, e o trabalho a nós confiado pela bondade de Deus, o nosso Pai, estreita a cada dia os laços que nos unem os espíritos. Agora não sou apenas sua mãe. Mais do que isso, o trabalho nos transformou em parceiros na tarefa de amor e bondade.

Respiramos amor, nos alimentamos de

tê-lo de pé, carregando o peso de seus far-
dos, levando-o nos braços, como incentivo à
sua caminhada. Nada mais, nada menos.

Trabalhe, ore e confie. Deus nos reserva
dias melhores.

comportar-se, então, diante desse fato? Demonstrando dedicação completa ao ideal sublime do Evangelho e esquecimento completo de nós mesmos. Somos apenas poeira, que tem a honra de ser pisada no mundo pelos convidados de Jesus.

Não prometemos a você, meu filho, enxugar o pranto, tirar as dores ou amenizar as dificuldades. A tarefa que aceitou desempenhar livremente é por demais sublime para que gastemos nosso tempo, nossas energias, nossa vida com coisinhas assim tão pequenas. Ademais, você, meu filho, não é diferente de ninguém. Terá de aprender a reeducar seu espírito através de suor, lágrimas, dores e provações. Eu, como mãe espiritual, não quero me envergonhar de ter tido um filho que não aprendeu com o Senhor a sofrer no mundo pelo reino do amor.

Avante! Sempre para a frente e para o alto. Estamos presentes em sua vida. Se ocasionalmente lhe parece que estamos em silêncio, que não nos manifestamos à sua sensibilidade, é que estamos ocupados em man-

alfinetadas e picadas, que sem dúvida incomodam nossas sensibilidades, mãos amigas nos impulsionam – visíveis ou invisíveis aos olhos. Companheiros desvelados amparam-nos a existência e hipotecam a sua ajuda à causa que abraçamos.

A meta que nos foi proposta, o ideal pelo qual lutamos, meu filho, é infinitamente superior às nossas lágrimas, dores e dificuldades – tenhamos isso em mente. Trabalhamos todos pela causa que motivou o próprio Senhor a abandonar as regiões superiores da luz e fazer-se presente no mundo de baixas vibrações que é a Terra. Diante dessa realidade universal, cósmica, eterna, como mensurar as pequeninas coisas com as quais nos incomodamos? Como estabelecer comparação de tão nobre ideal com as lágrimas que orvalham nossas existências efêmeras?

Portanto, meu filhão, erga a cabeça e reflita, por um momento apenas. Lembre-se de que somos embaixadores do país da eternidade, príncipes do reino de Jesus e filhos do governador espiritual do mundo. Como

rida. Com tais pedras, poderemos construir o edifício majestoso do mundo interior. As lágrimas, meu filho, são as águas abençoadas das quais nos utilizamos para preparar a massa com a qual ergueremos a estrutura da divina construção.

Somos chamados, meu filho, a honrar e dignificar o nome do Senhor. E se ele, o Mestre e Senhor do mundo, não teve momentos de descanso, senão muito trabalho, suor e incompreensão, como esperar outra coisa para aquele que tem a pretensão de ser um aprendiz do seu amor?

O mundo íntimo é povoado de inimigos criados pela insensatez que nos caracterizou o passado culposo. Os fantasmas interiores que nos perseguem, no instante em que emergem das sombras do passado espiritual nebuloso, às vezes fazem medo. Contudo, não há motivo para temer: não ficam desamparados aqueles que amam, não estão sós aqueles que aprenderam a servir.

Apesar das dificuldades e muitas dores, próprias da alma endividada, ou das diversas

Pedras no caminho:
é preciso prosseguir

POR QUE CHORAR? Por que desanimar diante das provas íntimas?

A presença da dificuldade em nossas vidas indica que fomos premiados com a oportunidade de testemunho em nome do Senhor.

A tarefa da mediunidade é semelhante a uma estrada margeada de flores. Entretanto, ao percorrermos o caminho, há pedras e espinhos, que lá estão a fim de que aprendamos a valorizar as belezas da paisagem flo-

para as regiões superiores da vida espiritual, carregando-nos nos braços e mostrando-nos quanto é importante a dedicação à causa do Cristo.

tilhar, a dividir, a multiplicar. Amemo-nos, valorizando as nossas vidas, em cada experiência que a própria vida nos proporciona.

Amar é valorizar a vida, é respeitar o amor do próximo, que tem direito de ser feliz, de doar-se, de trabalhar e crescer, como nós mesmos. Amar é libertar toda vida, pois a vida nos pede, simplesmente, para amar. Amemos sempre! O coração de mãe se amplia toda vez que seus filhos aprendem a lição de amor e de sabedoria da vida.

Somos todos eternos aprendizes do divino Mestre, e ele, que dirige os nossos passos, nunca encontrou facilidades em sua tarefa. Não se iludam, meus filhos. Esperam-nos dificuldades do mesmo gênero daquelas enfrentadas pelo Mestre.

Tenhamos a serenidade íntima, reconhecendo que os bons espíritos nunca nos abandonam. Se em algum momento julgamos que estamos caindo, eles, os benfeitores, caem primeiro, para nos amparar em suas mãos e não nos deixar sozinhos. Retornam, então, das mais diversas maneiras,

verdadeiros fantasmas, que podem infelicitar nossa vida e a de nossos companheiros de jornada.

Tudo isso tem como causa a forma como temos encarado a vida e a recusa em compreender o verdadeiro sentido do amor. Falamos em amor, mas continuamos amargurados ou amargos. Lemos muito a respeito do amor, mas nos mantemos distante de sua prática. Comentamos muito a respeito do Evangelho, mas não nos conhecemos com os nossos medos, preconceitos e dificuldades, que nos impedem de amar em plenitude.

Somos ainda espíritos teóricos. A vida, contudo, nos diz que é hora de sermos práticos. É preciso derrubar as barreiras velhas e arcaicas, que ainda teimamos em manter entre nós e a felicidade plena e nos impedem de amar.

Amemos verdadeiramente, começando por amar a nós mesmos. Amemos conscientemente, aprendendo com a própria vida que precisamos uns dos outros e que não somos ilhas humanas. Fomos chamados a compar-

Chega de teoria:
é hora de amar de verdade

É PRECISO QUE cada um de nós se conscientize das responsabilidades que tem diante das oportunidades que a vida nos proporciona. Precisamos amar. Mas amar não é apenas falar.

Já perdemos muito tempo. Em várias existências, tentamos manipular os outros, dominar as situações e, sistematicamente, relutamos em admitir nossos temores, anseios e limites. Guardamos dentro de nós